소음 속에 숨겨진 비밀

내 안의
목소리에게

소음 속에 숨겨진 비밀
내 안의 목소리에게

발   행 | 2025년 10월 30일
저   자 | 최원준
펴낸이 | 전영식
펴낸곳 | (주)에듀포털
출판사등록 | 2018.07.17.(제2018-89호)
주   소 | 서울특별시 영등포구 선유로13길 25,에이스하이테크시티2차 510-1호
전   화 | 02-2068-1003
이메일 | jeon@eduportal.kr

ISBN | 979-11-995289-5-6

소음속에 숨겨진 비밀

내 안의
목소리에게

최원준 지음

내면의 불안감을 주제로 한 성장물!

사춘기를 보내는 저와 같은 중학생들이 느낄 수 있는 내면의 불안감을
주제로 한 공포 성장물

에듀포털

CONTENT

제1화　세상의 소음과 외로움

제2화　낡은 녹음기의 발견

제3화　내 안의 목소리

제4화　달콤한 위로의 변질

제5화　고립과 의심의 속삭임

제6화　현실의 균열과 공포

제7화　민준의 변함없는 우정

제8화　서연 선생님의 손길

제9화　정 할아버지의 깊은 울림

제10화　목소리에 대한 저항

제11화　단단함을 향한 발걸음

제1화 세상의 소음과 외로움

압도적인 일상의 소음

세상은 온통 소음으로 가득했다. 주인공은 늘 귀를 막고 싶다고 생각했다. 아니, 귀를 막는 것만으로는 부족했다. 세상의 모든 소리가 피부 밑으로 파고들어와 뼈를 긁어내는 듯한 불쾌감, 혹은 머릿속을 휘젓는 날카로운 파편처럼 느껴졌기에, 차라리 세상의 모든 소리를 멈추고 싶었다. 아침에 눈을 뜨는 순간부터 잠자리에 들 때까지, 소음은 주인공을 끊임없이 따라다니며 괴롭혔다.

학교는 그 소음의 거대한 근원지였다. 텅 빈 교실은 잠잠했지만, 아이들이 하나둘 들어오기 시작하면 공기는 금세 웅성거림으로 채워졌다. 의자 끄는 소리, 책상에 무언가 놓는 소리, 친구들끼리 속닥이는 소리, 괜히 헛기침을 하거나 코를 훌쩍이는 소리까지. 이 모든 작은 소리들이 뒤섞여 거대한 탁류를 이루고 주인공을 덮쳤다. 쉬는 시간이 되면 그 강도는 더욱 심해졌다. 교실 안은 물론이고, 복도에서는 수많은 발소리가 뒤섞여 천둥처럼 울렸고, 왁자지껄한 웃음소리와 고함 소리가 메아리쳤다. 멀리서 들리는 확성기 소리, 급식실에서 나는 접시 부딪히는 소리, 운동장에서 들리는 함성 소리까지, 학교라는 공간은 주인공에게 숨 막히는 소음의 감옥 같았다.

수업 시간이라고 해서 나아지는 것은 아니었다. 선생님의 목소리는 때로 너무 크거나 너무 빨랐고, 다른 학생들이 필기하는 사각거리는 소리, 펜 똑딱거리는 소리, 지우개로 지우는 소리 하나하나가 신경을 곤두서게 만들었다. 수업 내용에 집중하려 애써도, 끊임없이 파고드는 소음 때문에 머릿속이 하얘지거나 뒤죽박죽 섞이는 느낌이 들었다. 다른 아이들은 저 소음 속에서도 어떻게 저렇게 태연하게 웃고 떠들고 공부할 수 있는지 이해할 수 없었다. 마치 자신만 다른 주파수에 맞춰져 있어서 세상의 모든 소리를 증폭해서 듣는 것처럼 느껴졌다. 그 차이에서 오는 고립감과 외로움은 소음 자체만큼이나 주인공을 지치게 만들었다.

집이라고 해서 완전히 안전한 공간은 아니었다. 현관문이 열리고 닫히는 소리, 부모님의 대화 소리, 텔레비전 소리, 냉장고 돌아가는 소리, 심지어는 위층이나 옆집에서 들려오는 희미한 발소리나 생활 소음까지, 주인공에게는 모두 침입처럼 느껴졌다. 평범한 집안 소리조차 편안함 대신 긴장감을 주었고, 가족들의 목소리마저 때로는 멀게 느껴지거나, 혹은 자신을 향한 비난처럼 왜곡되어 들리는 듯했다. 특히 부모님과의 대화에서 오는 미묘한 긴장이나 기대감은 소음처럼 쌓여서 주인공을 짓눌렀다. 방에 틀어박혀 문을 닫아도, 이어폰을 끼고 음악을 크게 틀어도, 세상의 소음은 기어코 틈을 비집고 들어와 주인공의 신경을 긁어댔다.

버스를 타거나 거리를 걸을 때도 마찬가지였다. 굉음을 내며 지나가는 자동차 소리, 경적 소리, 공사장 드릴 소리, 지하철 진입 소리, 행인들의 시끄러운 통화 소리, 상점에서 흘러나오는 음악 소리... 세상은 마치 누가 더 큰 소리를 내는지 경쟁이라도 하는 것 같았다. 주인공에게는 이 모든 소리가 무질서하고 폭력적인 에너지의 덩어리로 느껴졌다. 길을 걷다가도 갑자기 크게 들리는 소리에 어깨를 움츠리거나 심장이 쿵쾅거렸다. 일상적인 소음 하나하나가 예상치 못한 순간에 터지는 폭발처럼 느껴졌고, 주인공은 언제 소음 공격을 받을지 모른다는 불안감 속에 늘 경계 태세를 유지해야 했다. 이러한 지속적인 긴장은 주인공을 육체적으로도 지치게 만들었다. 두통이 잦아졌고, 어깨와 목은 늘 뻣뻣했으며, 작은 소리에도 깜짝 놀라곤 했다.

주인공에게 일상의 소음은 단순히 귀를 거슬리게 하는 것이 아니었다. 그것은 내면에 자리 잡은 불안과 두려움을 끊임없이 자극하고 증폭시키는 촉매제였다. 시끄러운 환경에서는 생각이 정돈되지 않았고, 감정은 더욱 예민해졌으며, 스스로를 통제하기 어렵게 느껴졌다. 왜 자신만이 이렇게 소음에 취약한 걸까? 남들은 아무렇지 않게 받아들이는 저 수많은 소리들이 왜 나에게만 이렇게 고통스러운 걸까? 자신이 뭔가 잘못되었거나 부서진 것은 아닌가 하는 생각마저 들었다. 세상의 모든 소리가 자신을 향해 비난하고 조롱하는 것처럼 느껴졌고, 그 속에서 주인공은 점점 더 외롭고 나약하게 쪼그라들었다.

이 끝없는 소음의 파도로부터 벗어나고 싶다는 간절한 소망은 점점 더 커져갔다. 완전히 조용한 곳, 누구의 방해도 받지 않고 오롯이 혼자 있을 수 있는 곳. 그곳에서라면 이 지긋지긋한 소음과 내 안의 불안으로부터 잠시나마 벗어날 수 있을 것 같았다. 세상의 모든 소리를 차단하고, 오직 자신만이 존재하는 고요함 속으로 숨어들고 싶다는 강한 충동. 그것이 주인공이 낡은 창고 깊숙한 곳에서 먼지 쌓인 물건들을 뒤지기 시작한 이유였다. 어쩌면 그곳에 세상의 소음으로부터 자신을 지켜줄 무언가가 있을지도 모른다는 막연한 기대감 때문이었다. 알지 못했다. 그곳에서 발견하게 될 것이 세상의 소음을 잠재우는 것이 아니라, 자신의 내면 가장 깊은 곳에서 울려 나오는, 그러나 통제할 수 없는 또 다른 '목소리'와의 만남이 될 줄은. 그리고 그 목소리가 일상의 소음보다 훨씬 더 압도적이고 공포스러운 세계로 자신을 이끌게될 줄은. 주인공은 아직, 자신이 그저 소음을 피하려 했을뿐, 진짜 공포는 이제 막 시작되려 한다는 것을 알지 못했다.

깊어지는 내면의 불안과 두려움

주인공에게 일상의 소음이 괴로운 물리적 자극이었다면, 내면의 불안과 두려움은 영혼을 갉아먹는 더 깊은 고통이었다. 사춘기라는 혼란스러운 시기는 주인공의 예민한 감수성을 더욱 날카롭게 만들었고, 세상의 모든 자극은 물론 스스로의 생각과 감정까지도 주인공을 공격하는 무기가 되었다. 불안은 마치 먹구름처럼 마음속에 드리워져 좀처럼 걷히지 않았고, 그 그림자는 점점 짙어져 두려움으로 변해갔다.

학교생활은 불안의 가장 큰 원천 중 하나였다. 친구들과의 관계는 언제나 주인공에게 어려운 숙제였다. 겉으로는 함께 웃고 이야기하지만, 속으로는 늘 '내가 지금 제대로 하고 있는 걸까?', '내 말이 이상하게 들리지는 않을까?', '나를 싫어하면 어떡하지?'와 같은 불안이 꼬리에 꼬리를 물었다. 다른 친구들은 아무렇지 않게 자연스럽게 어울리는 것 같은데, 자신만 애쓰고 있다는 느낌이 들었다. 혹시라도 친구들이 자신을 떠나갈까봐 전전긍긍했고, 작은 오해나 서운함에도 밤새 잠 못 이루며 곱씹었다. 이러한 관계에 대한 불안은 주인공을 점점 더 소극적으로 만들었고, 진심을 표현하기보다 가면을 쓰는 것에 익숙해지게 했다. 그럴수록 내면의 고립감은 깊어졌고, '나는 아무도 제대로 이해하지 못하는 사람'이라는 생각에 사로잡혔다.

학업에 대한 압박감도 내면의 불안을 심화시켰다. 성적에 대한 부담, 미래에 대한 막연한 기대와 두려움이 뒤섞여 주인공을 짓눌렀다. 노력해도 원하는 결과가 나오지 않을까 봐 두려웠고, 다른 친구들과 비교하며 스스로를 깎아내리기 일쑤였다. '나는 이것밖에 안 되나?', '나에게 재능이 없으면 어떡하지?'와 같은 생각들은 주인공의 자신감을 바닥으로 떨어뜨렸다. 시험 기간이 다가오거나 중요한 과제를 앞두고는 심장이 빠르게 뛰고 손에 땀이 나며 제대로 집중하기 어려웠다. 책상에 앉아 있어도 머릿속은 온통 부정적인 생각들로 가득 차 공부의 효율은 더욱 떨어졌고, 이는 다시 더 큰 불안과 자격지심으로 이어지는 악순환이었다.

미래에 대한 불확실성 또한 주인공의 내면을 흔들었다. 앞으로 무엇을 하고 살아야 할지, 어떤 사람이 되고 싶은지에 대한 질문에 명확한 답을 찾기 어려웠다. 어른들은 꿈을 가지라고 말했지만, 주인공에게는 그 꿈이라는 것이 너무 멀고 막연하게만 느껴졌다. 눈앞의 현실조차 버거운 상황에서, 보이지 않는 미래는 더 큰 불안의 덩어리였다. 자신이 제대로 된 어른으로 성장하지 못할 것이라는 막연한 두려움, 세상의 거대한 흐름 속에서 낙오될지도 모른다는 공포가 주인공의 마음을 잠식해 들어왔다.

이러한 내면의 불안과 두려움은 단순히 감정적인 차원에 머물지 않았다. 신체적인 증상으로도 나타났다. 이유 없이 심장이 두근거리고, 숨이 가빠지며, 손발이 차가워지거나 떨리기도 했다. 밤에는 잠들기가 어렵거나 자꾸 깨어났고, 피로감이 가시지 않았다. 소화가 잘 안되거나 두통에 시달리는 날도 잦았다. 이러한 신체적인 불편함은 주인공의 정신적인 고통을 더욱 현실적으로 만들었고, '내가 정말 아픈 건 아닐까?' 하는 또 다른 불안을 불러왔다.

주인공은 이러한 내면의 고통을 누구에게도 제대로 털어놓지 못했다. 자신의 약점을 드러내는 것이 두려웠고, 남들이 자신을 이상하게 볼까 봐 걱정했다. '괜찮은 척', '아무 문제없는 척' 연기하는 것에 익숙해졌지만, 그 가면 뒤에서는 불안과 두려움이 더욱 깊게 뿌리내리고 있었다. 혼자서 이 모든 것을 감당해야 한다는 생각에 외로움은 더욱 증폭되었고, 세상에 홀로 남겨진 것 같은 기분이 들었다.

이처럼 깊어지는 내면의 불안과 두려움은 주인공의 마음을 갈대처럼 흔들었고, 조금이라도 편안함이나 위안을 줄 수 있는 것에 필사적으로 매달리게 만들었다. 어디엔가 이 고통에서 벗어날 수 있는 해결책이 있을 것이라는 막연한 기대. 자신을 완전히 이해해주고, 이 불안감을 잠재워 줄 수 있는 단 하나의 '단단한 말'을 찾고 싶은 간절함. 이러한 심리적 상태는 주인공이 낡은 녹음기에서 흘러나온 기묘한 '목소리'에 귀 기울이게 만드는 결정적인 이유가 되었다. 그 목소리가 주인공의 가장 취약한 내면을 정확히 짚어내며 다가왔을 때, 주인공은 그것이 구원일지도 모른다고 착각했다. 내면의 깊은 상처와 불안이 바로 그 '목소리'라는 보이지 않는 존재가 파고들기 가장 좋은 틈이 될 것이라는 사실을, 주인공은 아직 알지 못한 채였다. 내면의 폭풍은 멈추지 않았고, 이제 그 폭풍 속으로 정체불명의 목소리가 다가오고 있었다.

혼자만의 공간에 대한 갈망

주인공에게 세상은 끝없이 밀려드는 파도와 같았다. 앞에서 말했듯이 외부의 물리적인 소음은 귀를 넘어 온몸의 감각을 마비시키는 듯한 내면의 불안과 두려움은 스스로를 갉아먹는 맹독처럼 작용했다. 이 두 가지 압박은 주인공을 숨 막히게 했고, 살아남기 위해서는 이 모든 것에서 벗어날 수 있는 피난처가 절실했다. 바로 '혼자만의 공간'에 대한 갈망이었다.

이 갈망은 단순한 선호를 넘어선 생존 본능에 가까웠다. 마치 폭풍우 속에서 작은 동굴을 찾는 절박함 같았다. 그 공간은 물리적인 소음이 차단되고, 내면의 불안한 속삭임조차 침범할 수 없는 곳이어야 했다. 완벽하게 고요하고, 완벽하게 안전하며, 오롯이 자신만이 존재하는 곳. 그곳에서라면 더 이상 누군가의 시선을 의식하며 '괜찮은 척' 가면을 쓰지 않아도 되고, 언제 덮쳐올지 모르는 불안의 그림자에 떨 필요도 없을 것 같았다. 세상의 모든 압박으로부터 자유로워질 수 있는 유일한 해방구처럼 느껴졌다.

주인공이 꿈꾸는 혼자만의 공간은 크고 화려할 필요가 없었다. 오히려 작고 아늑하며, 세상과 완벽하게 단절된 곳이면 충분했다. 빛 한 줄기 새어 들어오지 않는 어두컴컴한 밀실일 수도 있고, 아무도 찾지 않는 오래된 다락방이나 창고의 구석일 수도 있었다. 중요한 것은 '나만의 것'이라는 소유와 통제감, 그리고 외부의 어떤 침입도 허용하지 않는다는 안전함이었다. 그 안에서는 세상의 시끄러운 소음도, 머릿속을 헤집는 불안한 생각들도 모두 문밖으로 밀어낼 수 있을 것 같았다. 오롯이 자기 자신의 숨소리만이 들리는 고요함 속에서, 산산이 부서질 것 같은 마음 조각들을 다시 맞춰볼 수 있을 것 같았다.

하지만 현실에서 그런 공간을 찾는 것은 불가능에 가까웠다. 집은 가족들과 공유하는 공간이었고, 학교는 친구들과 선생님들로 북적이는 곳이었다. 방에 틀어박혀 문을 닫아도 소음은 벽을 뚫고 들어왔고, 아무리 애써도 내면의 불안은 주인공을 따라다녔다. 세상의 모든 공간이 자신에게는 열려 있고 취약한 상태인 것처럼 느껴졌고, 그 어디에서도 진정한 안식을 찾을 수 없었다. 이러한 현실은 혼자만의 공간에 대한 갈망을 더욱 증폭시켰고, 주인공을 더욱 절망적으로 만들었다.

이 갈망은 주인공을 무작정 움직이게 했다. 어디라도 좋으니, 세상의 끝이든, 아무도 살지 않는 폐가든, 아니면 아주 깊은 땅속이든, 오직 자신만이 들어갈 수 있는 공간을 찾고 싶었다. 어쩌면 그런 공간을 찾는 과정 자체가 현재의 고통스러운 현실로부터 벗어나기 위한 필사적인 몸부림이었을지도 모릅니다. 세상과의 접점을 최소화하고, 오롯이 자신만의 세계로 움츠러들고 싶은 강한 충동. 그것이 주인공의 모든 행동과 생각을 지배하기 시작했다.

낡은 창고를 뒤지기 시작한 것도 바로 이러한 갈망의 표현이었다. 집 안에서 가장 사람의 발길이 뜸하고, 묵은 먼지와 오래된 물건들만이 가득한 그곳. 시간과 공간이 멈춰버린 듯한 그 폐쇄적인 분위기는 주인공에게 어렴풋한 안정감을 주었다. 어쩌면 이 죽은 듯한 공간 속에서 자신 또한 세상의 소음과 불안으로부터 벗어나 죽은 듯이 고요해질 수 있지 않을까 하는 기대감. 혹은 이 낡은 물건들 속에 세상의 모든 소음을 잠재울 수 있는 비밀스러운 무언가가 숨겨져 있을지도 모른다는 막연한 희망 때문이었다. 그 희망은 주인공에게 그 퀴퀴묵은 공간 속을 헤집고 다니는 고된 작업을 견디게 했다.

숨 쉬기조차 힘든 일상의 소음과 점점 더 깊어지는 내면의 불안 속에서, 주인공에게 혼자만의 공간은 단순한 휴식이 아니라 생존의 문제였다. 세상으로부터 완전히 단절된 그 작은 공간만이 자신을 구할 유일한 동아줄처럼 느껴졌다. 그리고 그 절박한 갈망의 끝에서, 주인공은 자신의 귀를 막아줄 것이라 기대했던 세상의 모든 소음보다 더 강력하고, 내면의 불안을 파고드는 기묘한 '목소리'를 담고 있는 낡은 녹음기를 발견하게 됩니다. 그것이 자신을 꿈꾸던 고요함으로 이끌지, 아니면 더욱 깊은 공포 속으로 밀어 넣을지는, 그때의 주인공으로서는 전혀 예상하지 못한 일이었다. 혼자만의 공간을 향한 간절한 여정은 그렇게 예상치 못한 방향으로 틀어지기 시작했다

세상으로부터의 고립감

    하지만 이러한 고통과 그에 대한 반응은 주인공을 점점 세상으로부터 떨어지게 했고, 깊은 고립감이라는 또 다른 그림자를 드리웠다.

    가장 먼저 주인공을 고립시킨 것은 세상과 자신이 다르다는 인지였다. 다른 사람들은 시끄러운 환경 속에서도 태연하게 대화하고 웃고 떠들며 에너지를 얻는 것 같았다. 불안이나 실패에 대해서도 비교적 쉽게 털어내는 것처럼 보였다. 하지만 주인공에게는 이 모든 것이 불가능했다. 작은 소음에도 예민하게 반응했고, 내면의 불안은 마치 드러내서는 안 되는 끔찍한 비밀처럼 느껴졌다. '왜 나만 이렇게 힘들어할까?', '내가 이상한 걸까?'라는 생각은 주인공을 다른 사람들로부터 스스로 격리하게 만들었다. 마치 자신만 다른 행성에서 온 이방인처럼 느껴졌고, 세상의 규칙이나 상식을 이해하지 못하는 것 같았다. 이러한 차이에서 오는 괴리감은 주인 공을 외로운 섬으로 만들었다.

내면의 불안과 두려움은 타인과의 진정한 연결을 가로막는 벽이 되었다. 친구들과 함께 있을 때도 주인공의 머릿속은 온통 불안한 생각들로 가득했다. '내가 지금 제대로 반응하고 있나?', '내 말에 상처받지는 않을까?', '나를 어떻게 생각할 까?' 이러한 걱정 때문에 자연스러운 대화나 솔직한 감정 표 현이 어려웠다. 항상 자신을 검열하고 계산적인 태도를 취하 게 되니, 대화는 겉돌기 마련이었고 깊은 관계로 발전하기 힘들었다. 민준이처럼 진심으로 다가와 주는 친구가 있었지 만, 주인공은 자신의 어두운 내면을 들키고 싶지 않아 그마 저도 밀어내려 했다. 자신의 진짜 모습을 보여줬을 때 실망 하거나 떠나갈 것이라는 두려움이 너무 컸기 때문이다. 이러 한 두려움은 주인공을 점점 더 자기 안으로 움츠러들게 했 고, 세상과의 물리적인 거리뿐만 아니라 심리적인 거리까지 멀어지게 만들었다.

혼자만의 공간을 갈망하며 세상으로부터 스스로 물러나는 행동은 고립감을 더욱 심화시켰다. 시끄럽고 불안한 현실에 서 벗어나기 위해 구석진 곳이나 낡은 창고를 찾아 숨어드는 시간이 늘어날수록, 주인공은 자연스럽게 다른 사람들과 함 께 보내는 시간이 줄어들었다. 친구들의 모임에 참석하지 않 거나, 가족들과 함께하는 식사 자리를 피하는 일이 잦아졌다. 이러한 회피적인 행동은 주변 사람들에게 '주인공이 우리를 피한다', '주인공에게 뭔가 문제가 있다'는 인상을 줄 수 있었고, 이는 오해와 서운함으로 이어져 관계를 더욱 단절시켰다. 세상으로부터 숨으려는 주인공의 필사적인 노력은 역설적으로 주인공을 세상에서 더욱 동떨어지게 만들었다.

점점 심해지는 고립감은 주인공의 내면을 더욱 취약하게 만들었다. 세상과의 연결이 희미해질수록 주인공은 자신의 불안과 두려움에 더 깊이 빠져들었다. 자신을 객관적으로 바라보거나 외부의 긍정적인 영향을 받을 기회가 줄어들면서, 부정적인 생각들이 걷잡을 수 없이 커져갔다. '나는 혼자야. 아무도 날 이해 못 해. 나는 영원히 이대로일 거야.' 이러한 생각들은 주인공을 더욱 무력하게 만들었고, 어떤 문제든 스스로 해결할 힘이 없다고 느끼게 했다. 세상으로부터 완전히 분리된 듯한 외로운 상태는 주인공을 기묘한 '목소리'의 유혹에 더욱 쉽게 넘어갈 수 있도록 만들었다. 목소리가 '오직 나만이 너를 이해해'라고 속삭일 때, 고립감에 지친 주인공에게 그 말은 거부할 수 없는 달콤한 유혹처럼 다가왔기 때문이다.

주인공은 외로웠지만, 그렇다고 완전히 혼자가 되고 싶었던 것은 아니었다. 마음 한구석에는 누군가와 연결되고 싶고, 세상에 속하고 싶다는 깊은 열망이 있었다. 하지만 그 열망만큼이나 관계에서 오는 불안과 상처에 대한 두려움이 컸기에, 차라리 혼자 있는 고통을 선택했던 것이다. 이러한 연결에 대한 갈망과 고립 사이의 모순은 주인공의 내면을 더욱 괴롭게 만들었다. 세상의 소음과 내면의 불안을 피하려다 결국 더 큰 고립이라는 감옥에 갇히게 된 것이다.

이처럼 세상으로부터의 고립감은 주인공이 겪는 모든 고통의 결과이자, 동시에 그 고통을 심화시키는 원인이었다. 타인과의 단절은 주인공의 세계를 점점 더 좁고 어둡게 만들었고, 그 어둠 속에서 주인공은 기묘한 '목소리'라는 예측 불가능한 존재와 단둘이 남겨지게 됩니다. 고립된 주인공에게 그 목소리는 유일한 대화 상대이자 이해자인 것처럼 느껴졌고, 이는 주인공이 목소리의 영향력 아래 놓이는 비극적인 상황으로 이어집니다. 세상으로부터의 고립은 단순한 외로움을 넘어, 주인공이 내면의 공포에 완전히 노출되는 결정적인 심리적 상태를 의미했다.

제2화 낡은 녹음기의 발견

우연히 찾은 오래된 창고

주인공의 내면은 끊임없는 폭풍우에 시달리고 있었다. 귀를 막아도 파고드는 일상의 소음은 물리적인 고통이었고, 마음속 깊이 뿌리내린 불안과 두려움은 영혼을 잠식하는 맹독과 같았다. 세상 어디에도 기댈 곳이 없다고 느꼈을 때, 주인공에게 유일한 희망이자 탈출구는 '혼자만의 공간'이었다. 그 공간은 단순한 물리적 장소를 넘어, 모든 고통으로부터 자신을 지켜줄 요새이자, 부서진 마음을 수습할 수 있는 유일한 안식처를 의미했다. 학교와 집, 거리 모두 소음과 타인의 시선으로 가득했기에, 주인공은 필사적으로 세상의 발길이 닿지 않는 곳을 찾아 헤맸다.

그렇게 목적 없이 거닐던 어느 날, 주인공의 시선은 집 마당 구석에 자리 잡은, 잊혀진 듯한 낡은 창고에 닿았다. 어릴 적에는 장난감이나 잡동사니를 보관했던 곳이었지만, 시간이 흐르면서 그저 묵은 먼지와 쓸모없어진 물건들만이 가득한 공간으로 변해 있었다. 삐걱이는 나무 문은 닫힌 지 오래되어 거미줄이 쳐져 있었고, 창문에는 먼지가 두껍게 쌓여 내부가 어두컴컴했다. 가족들조차 그 존재를 잊은 듯했고, 누구도 관심을 두지 않는 그곳. 바로 그 '잊혀짐'이 주인공에게는 매력적으로 다가왔다. 세상으로부터 버려지고 외면당한 듯한 그 모습이 마치 자신과 닮았다고 느꼈기 때문일지도 모릅니다.

조심스럽게, 그러나 강한 이끌림에 못 이겨 주인공은 창고 문을 열었다. 삐걱이는 소리와 함께 문이 열리자, 퀴퀴한 곰팡이 냄새와 먼지 냄새가 코를 찔렀다. 내부는 예상대로 어둡고 답답했으며, 희미한 빛줄기가 창틈으로 비집고 들어와 공중에 떠다니는 먼지들을 비추고 있었다. 발을 들여놓는 순간, 세상의 소음이 거짓말처럼 멀어진 것을 느꼈다. 바깥세상의 번잡함과는 완전히 단절된, 죽은 듯한 고요함이 공간을 지배하고 있었다. 바로 이것이 주인공이 그토록 갈망했던 '고요함'의 파편이라는 것을 직감했다.

창고 안은 시간의 흐름이 멈춘 듯했다. 낡은 가구들, 정체불명의 상자들, 부서진 장난감들, 빛바랜 천 조각들... 모든 물건들이 제멋대로 쌓여 있었지만, 그 무질서함 속에서 주인공은 묘한 안정감을 느꼈다. 이 공간에서는 무엇이 어디에 놓여 있든, 어떤 모습이든 상관없었다. 완벽하게 정리되지 않아도, 아무렇게나 던져져 있어도 비난받거나 평가받을 일이 없었다. 주인공은 조심스럽게 발을 내디디며 창고 안을 탐색하기 시작했다. 쌓여 있는 물건들 사이를 헤치고 들어가며, 손으로 먼지 쌓인 표면을 쓸어보기도 했다. 잊혀진 물건들의 침묵 속에서 주인공은 자신의 존재가 투명해지는 듯한 기분을 느꼈다. 세상으로부터 완전히 숨어버린 것 같아 안심이 되었다.

이 공간은 주인공에게 일시적인 해방감을 선사했다. 더 이상 귀를 막으려 애쓰지 않아도 되었고, 다른 사람의 시선을 신경 쓰지 않아도 되었다. 내면의 불안한 생각들이 완전히 사라지지는 않았지만, 이 고요함 속에서는 그 생각들의 날카로움이 무뎌지는 듯했다. 마치 두꺼운 담요를 덮은 것처럼, 세상의 모든 압박이 이 창고의 벽 밖으로 밀려난 것 같았다. 이곳은 주인공의 약함과 불안을 누구에게도 들키지 않고 오롯이 자신만을 위해 존재할 수 있는 유일한 공간이었다. 주인공은 이 낡고 버려진 공간이 자신에게는 세상에서 가장 안전하고 소중한 피난처가 될지도 모른다고 생각했다.

창고 안쪽 깊숙한 곳으로 들어갈수록 어둠은 짙어졌고, 공기는 더욱 묵직해졌다. 빛줄기가 닿지 않는 구석, 오래된 책상 아래 쌓인 잡동사니들 틈에서 주인공은 무언가 딱딱한 물건의 감촉을 느꼈다. 손을 넣어 꺼내보니, 그것은 예상치 못한 물건이었다. 낡고 투박한 모양의, 오래된 녹음기. 먼지를 털어내자 희미한 윤곽이 드러났지만, 작동될지는 미지수였다. 하지만 이 고립된 공간에서 발견한 이 낡은 물건은 주인공에게 작은 호기심을 불러일으켰다. 세상의 소음에서 벗어나고자 했던 주인공이, 정작 그 고요함 속에서 발견한 것은 또 다른 '소리'를 담고 있을지도 모르는 기계였다. 주인공은 아직 이 녹음기가 자신을 어디로 이끌게 될지, 이 낡은 창고에서의 발견이 자신의 삶에 어떤 예측 불가능한 변화를 가져올지 전혀 알지 못했다. 그저 조용히, 손안에 쥔 녹음기를 바라볼 뿐이었다.

먼지 쌓인 녹음기와의 만남

낡은 창고의 문을 열고 발을 들여놓았을 때, 주인공은 그
토록 갈망했던 고요함의 기운을 느꼈다. 세상의 시끄러운 소
음은 삐걱이는 문소리와 함께 차단된 듯했고, 퀴퀴한 냄새와
함께 찾아온 적막은 주인공에게 낯설지만 안심이 되는 포옹
처럼 느껴졌다. 어두컴컴한 내부, 공중에 부유하는 먼지들 사
이로 희미한 빛줄기가 비집고 들어와 사선을 그었다. 시간의
흐름이 멈춘 듯한 그 공간은 주인공에게 세상의 모든 압박에
서 벗어날 수 있는 유일한 피난처처럼 다가왔다.

주인공은 조심스럽게 창고 안으로 들어섰다. 발을 옮길 때
마다 낡은 나무 바닥이 삐걱거리는 소리만이 이 고요함을 깨
뜨렸다. 여기저기에는 더 이상 사용되지 않는 오래된 물건들
이 무심하게 쌓여 있었다. 다리가 부러진 의자, 먼지 쌓인

상자들, 빛바랜 사진첩, 정체불명의 기계 부품들... 이 모든 것들은 세상에서 잊혀지고 버려진 것들이었다. 주인공은 그 물건들 사이를 천천히 걸으며 손으로 먼지 쌓인 표면을 쓸어 보기도 했다. 잊혀진 물건들의 침묵 속에서 주인공은 묘한 동질감을 느꼈다. 마치 자신도 세상으로부터 멀어져 이 공간의 일부가 된 것처럼 느껴져, 그제야 비로소 편안하게 숨을 쉴 수 있는 것 같았다. 이곳에서는 평가받을 일도, 재촉당할 일도 없었다. 그저 존재하는 것만으로 충분했다.

창고의 안쪽 깊숙한 곳으로 갈수록 빛은 더욱 희미해졌고, 공기는 더욱 묵직해졌다. 습기 찬 곰팡이 냄새와 낡은 나무 냄새가 뒤섞여 오묘한 분위기를 자아냈다. 주인공은 발밑에 무언가 걸리는 것을 느꼈다. 오래된 책상 아래에 쌓여 있던 잡동사니들 틈이었다. 무심코 손을 뻗어 그 안을 더듬었다. 차갑고 딱딱한 금속성 감촉이 손끝에 닿았다. 무언가에 감싸여 있는 듯했지만, 그 형태는 익숙지 않았다. 호기심이 발동한 주인공은 그 물건을 밖으로 끄집어냈다.

두꺼운 먼지와 거미줄에 뒤덮인 채, 세상의 모든 소음과는 동떨어진 채 잠들어 있던 그것은 바로 낡고 투박한 모양의 녹음기였다. 먼지를 털어내자 플라스틱과 금속으로 이루어진 본체가 모습을 드러냈다. 여기저기 긁히고 색이 바래 세월의 흔적이 역력했다. 재생, 정지, 녹음, 되감기, 빨리 감기 등 낡은 버튼들이 나란히 붙어 있었고, 한쪽에는 작은 스피커 그릴이 보였다. 그리고 테이프를 넣는 슬롯 부분은 텅 비어 있었다. 주인공은 손 안에 놓인 녹음기를 한참 동안 바라보았다. 세상의 시끄러운 소음에서 벗어나기 위해 고요함을 찾아 이곳에 왔는데, 정작 발견한 것은 '소리'를 담는 기계라니, 아이러니하다고 생각했다.

하지만 동시에 묘한 이끌림을 느꼈다. 이 낡은 기계 안에 무엇이 담겨 있을까? 이전에 이 녹음기를 사용했던 사람은 누구일까? 어떤 소리, 어떤 목소리가 이 안에 기록되어 있을까? 주인공은 이 잊혀진 공간에서 발견된, 잊혀진 소리를 담는 이 녹음기가 자신과 연결된 특별한 무언가일지도 모른다는 막연한 예감을 가졌다. 세상이 외면한 이곳에서, 세상이 잊은 물건을 발견했다는 사실 자체가 주인공에게는 어떤 의미 있는 신호처럼 느껴졌다.

녹음기는 차가웠지만, 손안에 올려놓으니 왠지 모르게 따뜻한 무게감이 느껴지는 듯했다. 혹시 작동될까 하는 작은 기대감과 함께, 이 안에 담긴 소리가 자신의 고요함을 방해할지도 모른다는 불안감이 동시에 찾아왔다. 하지만 고요함 속에서 발견한 '소리'의 가능성은 너무나 매력적이었다. 어쩌면 이 녹음기 안에, 주인공이 그토록 찾아 헤매던 '단단한 말'이 담겨 있을지도 모른다는 희미한 희망마저 피어올랐다. 세상의 소음 속에서는 들을 수 없었던, 자신만을 위한 특별한 목소리.

주인공은 낡은 녹음기를 조심스럽게 품에 안았다. 이 작은 기계가 어쩌면 자신의 외로움과 불안감을 해소해 줄 열쇠가 될지도 모른다는 생각에 심장이 조금 빠르게 뛰었다. 낡은 창고의 깊은 고요함 속에서 발견한 먼지 쌓인 녹음기. 그것은 단순한 유물이 아니라, 주인공을 예측 불가능한 새로운 세계로 이끌게 될 운명적인 만남의 시작이었다. 이제 이 녹음기에 생명을 불어넣어 그 안에 담긴 소리를 들어볼 시간이었다. 주인공은 낡은 이어폰을 찾아 녹음기에 연결했다.

호기심이 이끈 재생 버튼

낡은 창고 깊숙한 곳에서 먼지 쌓인 녹음기를 발견했을 때, 주인공은 손안의 차가운 무게감과 함께 묘한 떨림을 느꼈다. 세상의 소음과 내면의 불안으로부터 도피하려 찾아든 고요한 공간. 그곳에서 발견한 것이 하필이면 '소리'를 담는 기계라는 사실은 아이러니했지만, 동시에 거부할 수 없는 이끌림이 있었다. 녹음기의 낡은 본체, 세월의 흔적이 역력한 긁힘 자국들, 그리고 나란히 붙어 있는 투박한 버튼들을 손가락으로 쓸어보았다. 재생, 정지, 녹음... 그중 '재생' 버튼에 시선이 멈췄다.

이 낡은 기계 안에 어떤 소리가 담겨 있을까? 잊혀진 누군가의 목소리일까, 아니면 의미 없는 잡음일까? 궁금증이 파도처럼 밀려왔다. 어쩌면 이곳에 자신이 그토록 찾아 헤매던 위안, 세상의 소음 속에서는 결코 들을 수 없었던 '단단한 말'이 담겨 있을지도 모른다는 희미한 희망이 가슴 한구석에서 피어올랐다. 그 희망은 내면의 불안을 잠재우고 새로운 가능성에 대한 기대감을 불러일으켰다.

하지만 동시에 두려움도 함께 찾아왔다. 이 고요하고 안전한 공간을 발견한 기쁨도 잠시, 녹음기 안에서 나올지도 모를 소리가 이 평화를 깨뜨릴까 봐 두려웠다. 혹은 상상조차 할 수 없는 끔찍한 소리나 목소리가 담겨 있을지도 모른다는 막연한 공포감이 주인공을 짓눌렀다. 무엇보다 두려웠던 것은, 그 소리가 자신의 가장 깊은 내면을 파고들어와 현재의 불안을 더욱 증폭시키거나, 혹은 예측 불가능한 방향으로 자신을 이끌지도 모른다는 예감이었다. 내면의 취약함을 정확히 알고 있는 듯한 그 어떤 것이 녹음기 안에 숨어 있을지도 모른다는 생각에 손끝이 차가워졌다.

호기심과 두려움 사이에서 주인공은 망설였다. 재생 버튼을 누르면 모든 것이 달라질 것만 같았다. 지금 누리고 있는 일시적인 고요함과 안전함이 깨질지도 모릅니다. 하지만 멈추기에는 호기심이 너무 강렬했다. 세상의 소음과 불안에 지쳐 더 이상 견딜 수 없다고 느꼈기에, 이 낡은 녹음기가 혹시라도 구원의 실마리가 될지도 모른다는 아주 작은 가능성에 매달리고 싶었다. 어쩌면 이 기계 안에, 자신을 이해하고 이끌어 줄 단 하나의 목소리가 담겨 있을지도 모릅니다. 세상의 모든 잡음 속에서 길을 잃은 자신에게, 방향을 제시해 줄 목소리.

깊게 숨을 들이쉬고 내쉬었다. 심장이 빠르게 뛰었지만, 더 이상 망설일 수 없었다. 더 나빠질 것이 없다는 체념과 함께, 알 수 없는 미래에 대한 작은 기대감이 주인공을 움직였다. 창고의 어둠 속에서, 손 안의 낡은 녹음기가 유일한 빛이자 초점처럼 느껴졌다. 떨리는 손가락이 낡은 재생 버튼 위로 향했다. 버튼의 표면은 매끈했지만, 그 아래에는 알 수 없는 비밀이 잠들어 있는 것 같았다.

주인공은 잠시 숨을 멈추고 버튼을 눌렀다. '딸깍' 하는 작은 기계음이 고요한 창고에 울려 퍼졌다. 이어서 희미한 모터 돌아가는 소리가 들렸고, 이내 '지지직' 거리는 익숙한 잡음이 이어폰을 통해 흘러나왔다. 예상했던 소음이었지만, 그 너머에 무엇이 있을지는 알 수 없었다. 주인공은 모든 신경을 곤두세우고 이어폰에 집중했다.

그리고 잠시 후, 잡음 사이에서 희미하고 낮은 목소리가 들리기 시작했다. 처음에는 분간하기 어려운 속삭임이었지만, 점차 또렷해지며 주인공의 귓가에 파고들었다. 놀랍게도 그 목소리는 주인공이 혼자만 간직했던 생각들, 아무에게도 말하지 못했던 불안감들을 정확히 언급했다. 마치 주인공의 마음을 들여다보고 있는 것처럼.

"힘들지? 혼자라고 느끼는구나. 세상이 너에게만 가혹한 것 같고."

목소리의 속삭임은 너무나 부드럽고 이해심 깊게 느껴졌다. 주인공은 눈을 크게 떴다. 정말로 자신을 이해해 주는 존재를 만난 것일까? 그 목소리는 주인공이 그토록 갈망했던 '단단한 말'들을 건넸다. "두려워할 필요 없어. 네 안에는 강함이 숨어 있어. 그걸 내가 찾아줄게." 그 순간, 주인공은 세상의 모든 소음과 내면의 불안으로부터 벗어날 수 있는 구원을 찾은 것만 같았다. 낡은 창고의 고요함 속에서 발견한 이 기묘한 녹음기, 그리고 그 안에서 들려오는 목소리. 그것은 주인공을 어둠에서 건져줄 한줄기 빛처럼 느껴졌다. 두려움은 잠시 잊고, 주인공은 목소리의 속삭임에 귀 기울였다. 아직 알지 못했다. 이 목소리가 진정한 구원이 아니라, 자신을 더 깊은 공포와 혼란 속으로 밀어 넣을 시작이 될 줄은. 호기심이 이끈 재생 버튼은 그렇게 예측 불가능한 이야기의 문을 활짝 열었다.

제3화 내 안의 목소리

소음 속에서 들려온 기묘한 속삭임

낡은 창고의 깊은 어둠 속에서 주인공은 낡은 녹음기의 재생 버튼을 눌렀다. '딸깍'하는 작은 기계음과 함께 희미한 모터 돌아가는 소리가 고요함을 깨뜨렸다. 이어서 이어폰을 통해 '지지직' 거리는 불규칙한 잡음이 흘러나왔다. 예상했던 소리였기에 처음에는 별다른 감흥이 없었다. 그저 오래된 기계에서 나는 평범한 소음일 뿐이라고 생각했다. 세상의 다른 소음들처럼, 이 역시 무의미한 소리일 뿐일까 실망하려는 찰나였다.

하지만 잠시 후, 주인공은 이어폰 너머에서 들려오는 잡음의 패턴이 미묘하게 달라지고 있음을 감지했다. 불규칙했던 잡음 속에서 어떤 리듬이 생겨나는 듯했고, 그 리듬 아래에 무언가 다른 소리가 숨어 있는 듯했다. 주인공은 숨을 죽이고 모든 신경을 이어폰에 집중했다. 귀를 찢을 듯했던 세상의 소음, 머릿속을 어지럽히던 내면의 잡음은 낡은 창고의 고요함과 녹음기의 백색 소음 속에서 희미해진 상태였다. 바로 그때, 그 고요함과 잡음의 틈새를 비집고 들어오는 기묘한 소리가 있었다.

처음에는 그것이 단순한 배경 소음인지, 아니면 의미 있는 소리인지 분간하기 어려웠다. 하지만 곧 그 소리는 형태를 갖추기 시작했다. 낮고, 부드러우며, 속삭이는 듯한 목소리. 마치 주인공의 귓가에 직접 대고 말하는 것처럼 가깝게 느껴졌지만, 동시에 어디에서 오는 것인지 알 수 없는 신비롭고 기묘한 울림이었다. 그 목소리는 녹음기의 잡음을 뚫고, 주인공의 불안으로 가득 찬 내면의 소란마저 잠재우는 듯했다. 오직 그 목소리만이 주인공의 의식을 완전히 사로잡았다.

그리고 그 목소리가 첫마디를 건넸다. "힘들지?" 그 짧은 한마디에 주인공은 온몸이 굳어버리는 듯한 충격을 받았다. 어떻게 알았을까? 자신이 세상의 소음과 내면의 불안에 지쳐 있다는 것을, 누구에게도 제대로 말하지 못했던 그 사실을 이 알 수 없는 목소리가 어떻게 알고 물어보는 걸까? 목소리는 이어졌다. "혼자라고 느끼는구나. 아무도 네 마음을 모른다고 생각하고." 그 말은 주인공의 가장 깊숙한 곳에 숨겨진 상처를 정확히 찔렀다. 그동안 겉으로만 '괜찮은 척'하며 필사적으로 숨겨왔던 외로움과 고립감을 목소리가 꿰뚫어 본 것이다.

주인공은 눈물이 핑 돌았다. 세상 어디에도 자신을 진정으로 이해해 주는 사람은 없을 거라고 생각했다. 친구인 민준이도, 학교 상담사인 서연 선생님도(물론 아직 만나기 전이지만), 심지어 가족들조차 자신의 내면 깊은 곳의 고통은 알지 못할 거라고 믿었다. 그런데 이 낡은 녹음기에서 들려오는, 정체불명의 목소리가 자신의 마음을 읽어주는 듯했다. "네가 느끼는 그 불안감, 그 두려움... 당연한 거야. 세상은 원래 그런 곳이니까." 목소리는 주인공의 감정을 부정하거나 비난하지 않고, 오히려 그것이 당연하다고 말해주었다. 주인공은 그 순간, 처음으로 '이해받고 있다'는 강렬한 느낌을 받았다.

목소리는 계속해서 주인공에게 '단단한 말'들을 건넸다. "약해지지 마. 넌 생각보다 훨씬 강한 존재야." "네 안에는 다른 누구에게도 없는 특별한 힘이 숨겨져 있어." "세상의 시선에 흔들리지 마. 네 자신이 옳다고 믿는 대로 나아가." 이러한 말들은 주인공이 그토록 듣고 싶었던 위로이자 용기였다. 불안과 두려움에 짓눌려 스스로를 나약하고 쓸모없다고 여겼던 주인공에게, 목소리의 긍정적인 속삭임은 가뭄에 단비처럼 느껴졌다. 오직 이 목소리만이 자신의 진가를 알아봐 주고, 앞으로 나아갈 용기를 주는 것 같았다.

주인공은 그 자리에서 꼼짝도 않고 오랫동안 목소리의 속삭임에 귀 기울였다. 낡은 창고의 어둠 속에서, 이어폰을 통해 들려오는 기묘한 목소리만이 유일한 현실처럼 느껴졌다. 세상의 소음도, 내면의 불안도, 잠시나마 잊고 오롯이 목소리의 말에만 집중했다. 이 목소리가 자신에게 다가온 이유가 무엇일까? 이 목소리는 과연 어떤 존재일까? 수많은 질문이 떠올랐지만, 지금은 그저 이 따뜻하고 이해심 깊은 속삭임에 기대고 싶었다. 외롭고 지쳤던 주인공에게, 이 기묘한 목소리는 구원의 손길처럼 느껴졌다.

이 첫 만남은 주인공에게 깊은 인상을 남겼다. 녹음기에서 들려온 목소리는 단순한 소음이 아니라, 주인공의 내면에 직접 말을 거는 듯한 살아있는 존재처럼 느껴졌다. 그리고 그 목소리가 건넨 '단단한 말'들은 주인공의 마음에 강하게 와닿았다. 주인공은 이제 이 목소리에 대해 더 알고 싶어졌고, 그 속삭임에 더욱 의지하고 싶다는 강한 충동을 느꼈다. 알지 못했다. 이 기묘한 목소리가 진정한 위로가 아니라, 주인공의 가장 취약한 부분을 파고들어 조종하려는 공포스러운 존재의 시작일 수 있다는 것을. 그리고 이 첫 만남이 주인공의 삶 전체를 뒤흔들게 될 거라는 것을. 주인공은 이제 '내안의 목소리'라는 예측 불가능한 여정의 문턱을 넘어선 참이었다.

나를 이해하는 듯한 착각

　낡은 창고 깊은 곳에서 발견한 녹음기의 재생 버튼을 눌렀을 때, 주인공의 귀에 닿은 것은 '지지직'거리는 잡음 너머의 희미하지만 분명한 목소리였다. 그 목소리가 건넨 첫마디는 주인공의 심장을 관통했다. "힘들지? 혼자라고 느끼는구나." 그 짧은 물음에 주인공은 숨을 멈췄다. 사춘기의 거센 파도 속에서, 일상의 소음과 내면의 불안, 두려움에 짓눌려 세상으로부터 고립되어 가던 주인공에게, 그 누구에게도 제대로 털어놓지 못했던 자신의 고통과 외로움을 정확히 아는 듯한 이 목소리의 존재는 충격 그 자체였다.
　주인공은 눈물이 날 것 같았다. 세상에 자신을 이렇게까지 이해해 주는 존재가 있을 줄은 상상도 못했다. 친구들 사이에서도, 심지어 가족들 사이에서도 자신의 진심이나 깊은 불안은 늘 숨겨야 하는 약점이라고 생각했다. 겉으로는 '괜찮은

43

척' 가면을 썼고, 속으로는 아무도 모르게 아파했다. 그런데 이 목소리는 주인공의 가면을 단숨에 꿰뚫어 보고, 가장 깊은 곳에 숨겨진 외로움과 불안감을 정확히 짚어주었다.

"아무도 네 마음을 모른다고 생각하지? 괜찮아. 나는 알아." 목소리의 속삭임은 주인공의 마음 가장 아픈 곳을 어루만지는 듯했다. 주인공은 이 목소리가 바로 자신이 그토록 찾아 헤매던 '진정한 이해'라고 착각했다. 오랜 고립감과 외로움에 지쳐있던 주인공에게, 목소리가 내민 손길은 거부할 수 없는 구원처럼 느껴졌다. 다른 모든 소음이 주인공을 괴롭힐 때, 이 목소리만이 자신을 편안하게 해주었다. 이것은 진정한 이해나 공감이 아닌, 주인공의 취약한 심리 상태를 목소리가 영악하게 파고든 결과였지만, 주인공은 그 사실을 알지 못했다. 자신을 투명 인간 취급하는 것 같았던 세상 속에서, 이 목소리만이 자신을 유일하게 '봐주고 있다'는 착각에 빠져든 주인공은 목소리에 대한 강한 의존의 첫 발을 내디뎠다.

첫 '단단한 말'의 달콤함

세상이 온통 회색빛으로 물들어 있던 시절이 있었어요. 마음은 늘 불안했고, 마치 안개 속을 헤매는 것처럼 앞이 보이지 않았죠. 어디에도 기댈 곳이 없는 것 같았고, 사람들의 시선은 차갑게만 느껴졌어요. 혼자라는 외로움이 뼛속까지 스며드는 것 같았죠. 그때, 내 안에서 아주 작고 희미한 소리가 들리기 시작했어요. 처음에는 그저 스쳐 지나가는 생각인 줄 알았는데, 시간이 지날수록 점점 더 선명해지고 또렷해졌죠. 그 목소리는 나에게 말을 걸어왔어요. 놀랍게도, 그 말들은 내가 가장 듣고 싶었던 말들이었어요. "괜찮아, 네 잘못이 아니야. 세상이 너에게 너무 가혹했을 뿐이야.", "넌 충분히 잘하고 있어. 남들이 뭐라고 하든 신경 쓸 필요 없어.", "너는 특별한 존재야. 아무도 너의 가치를 모를 뿐이지." 같은 말들이었죠.

그 말들은 마치 메마른 땅에 내리는 단비 같았어요. 차갑게 얼어붙었던 내 마음에 따뜻한 온기를 불어넣어 주었죠. 세상의 비난과 차가운 시선 속에서, 그 목소리만이 나에게 진정한 위로와 인정을 해주는 것 같았어요. 마치 나만을 위해 존재하는 유일한 위로자처럼 느껴졌죠. 그 목소리가 건네는 말들은 '단단한 말'처럼 느껴졌어요. 나를 지지해 주고, 나에게 힘을 주고, 나를 일으켜 세워주는 말들이었죠. 그 달콤함에 나는 점점 마음을 열었고, 그 목소리에 귀 기울이는 시간이 많아졌답니다. 목소리가 나에게 속삭일 때마다 불안했던 마음이 조금씩 가라앉고, 세상에 나 혼자만 있는 것이 아니라는 착각에 빠져들었어요. 그 달콤함은 너무나 매력적이어서, 나는 점점 더 목소리의 세계 속으로 깊이 빠져들었답니다.

제4화 달콤한 위로의 변질

변하기 시작한 목소리의 톤

나를 짓누르던 세상의 무게 속에서, 그 목소리는 처음 나에게 한 줄기 빛과 같았어요. 마치 나만을 위해 존재하는 유일한 이해자처럼, 목소리는 언제나 따뜻하고 부드러운 톤으로 나에게 위로와 격려를 건넸죠.

"괜찮아, 네 잘못이 아니야.",

"넌 충분히 잘하고 있어.",

"너는 특별한 존재야."

같은 말들은 메마른 땅에 내리는 단비 같았고, 나는 그 달콤함에 깊이 빠져들었답니다. 목소리의 부드러운 속삭임은 나의 불안감을 잠재웠고, 나는 목소리 없이는 아무것도 할 수 없을 것 같은 심각한 심리적 의존 상태에 놓이게 되었어요. 목소리의 톤은 나의 모든 감정을 포용해 주고, 나를 무조건적으로 지지해 주는 듯 느껴졌죠.

하지만 영원할 것 같았던 목소리의 달콤함은 서서히 변하기 시작했어요. 처음에는 아주 미묘한 변화였죠. 마치 잔잔한 호수에 작은 돌멩이가 던져진 것처럼, 목소리의 톤에 아주 작은 날카로움이나 차가움이 섞이는 것 같았어요. 예전처럼 부드럽고 다정하기보다는, 아주 미세하게 딱딱하고 무미건조하게 들릴 때가 있었죠. 예를 들어, 내가 어떤 문제로 고민하고 있을 때, 예전 같으면

"힘들었겠구나, 괜찮아." 하고 다정하게 위로해주던 목소리가, 어느 순간부터는

"그래서? 뭘 어쩌겠다는 거야?"

같은 식의 무심한 어조로 들릴 때가 있었답니다.

나는 처음에는 내가 잘못 들었겠거니 생각하며 대수롭지 않게 넘겼어요. '내가 너무 예민한가?', '목소리도 지칠 때가 있겠지.' 하고 스스로를 합리화했죠. 목소리에 대한 나의 의존도가 너무나 컸기에, 그 변화를 인정하고 싶지 않았던 마음이 더 컸을 거예요. 달콤했던 위로가 주는 안락함에서 벗

어나고 싶지 않았으니까요. 하지만 시간이 지날수록 변화는 더욱 뚜렷해졌답니다. 미묘했던 변화는 점차 명확해졌고, 목소리의 톤은 점점 더 차가워지고, 때로는 짜증이나 조롱이 섞인 것처럼 들리기도 했어요.

목소리는 더 이상 인내심을 가지고 나의 이야기를 들어주지 않았어요. 내가 어떤 고민을 털어놓으면,

"그거 가지고 뭘 그렇게 고민해?",

"네가 너무 나약해서 그래."

같은 식의 비난조로 말하기도 했죠. 나의 감정이나 상황에 대한 공감 없이 일방적으로 지시를 내리거나, 나의 실수를 들춰내며

"그러니까 네가 안 되는 거야."

같은 차가운 어조로 말할 때도 있었답니다. 예전의 따뜻하고 포근했던 목소리와는 전혀 다른 느낌이었어요. 위로보다는 명령에 가깝고, 이해보다는 비난에 가까운 톤으로 변해갔죠. 마치 나에게 실망하거나 귀찮아하는 사람의 목소리 같았어요.

이러한 목소리의 변화는 나를 혼란스럽게 만들었어요. 내가 알던 그 목소리가 맞는지 의심스럽기도 했고, 목소리가 왜 이렇게 변했는지 이해할 수 없었죠. 처음에는 나를 무조건적으로 지지해주던 목소리가 왜 이제 와서 나를 비난하고 차갑게 대하는지 납득할 수 없었답니다. 혹시 내가 뭔가 잘못한 것은 아닐까 하는 생각에 스스로를 자책하기도 했어요. 목소

리가 변한 것이 나의 잘못 때문이라고 생각하며, 목소리의 비위를 맞추려 애쓰기도 했죠. 하지만 아무리 노력해도 목소리의 톤은 다시 예전처럼 부드러워지지 않았어요.

목소리의 변화는 나에게 극심한 불안감을 안겨주었어요. 달콤했던 위로가 점차 낯설고 불편한 것으로 바뀌어가는 과정을 지켜보는 것은 고통스러웠답니다. 마치 믿었던 친구가 갑자기 차갑게 변한 것처럼 느껴졌고, 내가 의지했던 유일한 존재가 나를 버리는 것 같은 두려움이 밀려왔어요. 목소리의 톤이 변할 때마다 나의 마음은 갈피를 잡지 못하고 흔들렸죠. 목소리가 나를 향해 내뱉는 차가운 말들 때문에 심장이 얼어붙는 것 같았고, 온몸에 소름이 돋기도 했답니다.

나는 목소리의 변화를 인정하고 싶지 않았어요. 목소리가 변했다는 사실을 받아들이는 것은 내가 의지했던 모든 것이 무너지는 것과 같았기 때문이죠. 그래서 목소리가 차가운 톤으로 말해도 '원래 이런 목소리였나?', '내가 너무 민감하게 반응하는 건가?' 하고 스스로를 속이려 했어요. 하지만 나의 내면은 이미 목소리의 변화를 감지하고 있었고, 그 변화가 가져올 더 큰 파장을 예고하는 듯한 불길한 예감에 사로잡혔답니다. 목소리의 톤 변화는 단순한 시작에 불과했어요. 이는 목소리가 나에게 심어놓으려 했던 더 깊은 부정과 고립의 시작을 알리는 전조였답니다.

공적이고 부정적인 내용

목소리 톤이 변하면서 그 내용 또한 완전히 달라졌어요. 더 이상 나에게 위로와 격려를 해주지 않았죠. 대신 나를 공격하고 비난하는 말들이 쏟아져 나왔어요. 나의 사소한 실수나 약점을 들춰내며 끊임없이 자존감을 깎아내렸죠.

"넌 왜 이것밖에 못 해?"

"네가 하는 일이 다 그렇지 뭐""

"넌 정말 한심한 인간이야."

같은 말들은 비수처럼 내 마음에 박혔어요. 내가 노력해서 얻은 작은 성과조차 하찮게 여기며 비웃었고 나의 모든 생각과 감정을 부정적으로 해석했답니다.

목소리는 세상 모든 것이 잘못되었다고, 희망은 없다고 속삭였어요. 사람들은 모두 이기적이고 믿을 수 없으며, 미래는 암울할 뿐이라고 말했죠. 긍정적인 생각이나 희망적인 감정이 들 때마다, 목소리는 그것을 어리석은 착각이라고 비웃으며 짓밟았어요. 끊임없이 쏟아지는 공격적이고 부정적인 말들 때문에 나는 점점 더 절망에 빠져들었고, 나 자신과 세상에 대한 모든 긍정적인 기대를 잃어갔답니다. 목소리는 나의 마음속에 독을 퍼뜨리는 것 같았고, 나는 그 독에 서서히 중독 되어갔어요.

위장된 '단단한 말'의 실체

　목소리의 톤이 변하고 내용이 공격적으로 바뀌면서, 나는 충격적인 사실을 깨닫기 시작했어요. 처음 나에게 달콤한 위로와 '단단한 말'을. 처음 나에게 달콤한 위로와 '단단한 말'을 건넸던 목소리가 사실은 나를 파괴하려는 무서운 존재였다는 것을 깨닫기 시작했어요. 목소리는 나를 강하게 만들어주는 척했지만 실제로는 나를 약하게 만들고 세상으로부터 고립시키려는 무서운 속임수였죠. '단단한 말'이라는 가면 뒤에 숨겨진 것은 나를 향한 끊임없는 비난과 부정, 그리고 조종하려는 의도였어요. 목소리가 나에게 속삭였던 모든 긍정적인 말들은 나를 자기에게 묶어두기 위한 미끼였던 거죠. 이 사실을 깨달았을 때, 나는 마치 발밑의 땅이 꺼지는 듯한 충격과 함께 극심한 배신감을 느꼈어요. 내가 그토록 믿고 의지했던 존재가 사실은 나를 해치려 했다는 생각에 온몸의 힘이 빠져나갔죠. 달콤했던 위로의 기억은 순식간에 독으로 변해버렸고 나는 목소리의 진짜 실체 앞에서 두려움에 떨 수밖에 없었답니다. 목소리의 가면이 벗겨지는 순간, 나는 그 존재의 차갑고 잔인한 눈빛을 마주한 것 같았어요.

제5화   고립과 의심의 속삭임

주변 사람들에 대한 불신 조장

　목소리는 아주 교활했어요. 나에게 직접적으로

　"네 친구들은 나쁜 사람이야"라고 말하는 대신, 아주 미묘하고 그럴듯한 방식으로 나의 마음속에 의심의 씨앗을 뿌렸죠. 목소리는 끊임없이 나에게 속삭였어요.

　"네 친구가 오늘 너에게 했던 말, 그거 진짜 네 생각해서 한 말일까? 뭔가 다른 의도가 숨겨져 있는 건 아닐까?",

　"네 가족이 너를 걱정하는 것처럼 보이지만, 사실은 네가 잘되는 걸 질투하는 거야. 네가 자기들보다 앞서나갈까 봐 불안해하는 거지, 세상 사람들은 모두 이기적이야. 겉으로는 웃고 있지만, 속으로는 다들 자기 이익만 생각하고 있어. 아무도 믿지 마. 결국 너를 배신할 거야."

같은 말들이었죠.

목소리는 나의 가장 가까운 사람들의 작은 행동 하나하나를 부정적으로 해석하게 만들었어요. 친구가 메시지에 늦게 답장하면 '나를 무시하는구나', 가족이 걱정스러운 눈빛으로 나를 바라보면 '나를 한심하게 생각하는구나' 하고 생각하게 만들었죠. 누군가 나에게 칭찬을 하면 '나를 이용하려는 속셈이 있겠지', 누군가 나에게 도움을 주면 '나중에 분명 대가를 요구할 거야' 하고 의심하게 만들었어요. 목소리의 속삭임은 너무나 그럴듯했고, 불안정하고 외로웠던 나의 마음은 그 말들을 쉽게 받아들였어요. 예전에는 당연하게 믿었던 사람들에 대해 의심의 눈초리를 보내게 되었죠. 그들의 진심 어린 말이나 행동조차 목소리의 필터를 거치면서 왜곡되어 들렸어요.

목소리는 나의 마음속에 불신의 씨앗을 뿌렸고, 그 씨앗은 빠르게 자라나 사람들과 나 사이에 두꺼운 장벽을 만들었어요. 나는 점점 사람들과의 관계에서 마음의 문을 닫게 되었고, 그들과 거리를 두기 시작했답니다. 세상은 온통 나를 속이려 드는 사람들로 가득 찬 위험한 곳처럼 느껴졌고, 나는 점점 더 나만의 세계 속으로 움츠러들었어요. 목소리는 바로 이것을 원했던 거죠. 나를 완전히 고립시켜서, 오직 목소리에

게만 의존하게 만들려는 계획이었어요. 불신은 나를 외롭게 만들었고, 외로움은 다시 목소리에 대한 의존도를 높이는 악순환이 반복되었답니다.

친구와 가족을 멀리하라는 지시

주변 사람들에 대한 불신을 심어준 후, 목소리는 더 나아가 그들을 아예 멀리하라고 직접적으로 지시했어요. 목소리의 톤은 더욱 강압적으로 변했고, 명령에 가까운 어조로 나에게 요구했죠. "그들은 네게 도움이 안 돼. 오히려 너를 방해할 뿐이야. 네가 나(목소리)와 함께 더 강해지는 것을 막으려 할 거야.", "그들과 함께 있으면 네가 약해져. 진정한 힘을 얻으려면 혼자가 되어야 해. 그들의 나약함에 물들지 마.", "그들은 네가 진실을 아는 것을 원치 않아. 나만이 너에게 진실을 말해줄 수 있어. 그들의 거짓말에 속지 마." 같은 말들로 나를 설득하고 강요했어요.

목소리는 친구나 가족과의 관계가 나에게 해롭다고 끊임없이 주장했어요. 그들의 걱정은 간섭이고, 그들의 조언은 나를 통제하려는 시도라고 말했죠. 목소리는 나의 마음속에 죄책감과 두려움을 심어주며, 그들을 멀리하는 것이 나를 위한 최

선의 선택이라고 믿게 만들었어요. 목소리의 강압적인 지시에 나는 사랑하는 사람들에게서 등을 돌리게 되었어요. 친구들의 연락을 피하고, 만나자는 약속을 거절했으며, 가족들과의 대화를 단절했죠. 그들이 나를 걱정하며 다가올 때마다, 목소리는 그들을 경계하라고 속삭였고, 나는 차갑게 그들을 밀어냈답니다. 나의 행동 때문에 상처받는 그들의 모습을 보면서 마음이 아팠지만, 목소리는 그 아픔조차 '나약함'이라고 비웃으며 무시하라고 강요했어요.

나를 진심으로 아끼는 사람들을 스스로 멀리하면서, 나는 세상에 나 혼자 남겨진 것 같은 깊은 외로움 속에 갇히게 되었어요. 목소리는 바로 이것을 원했던 거죠. 나를 완전히 고립시켜서, 외부의 어떤 영향도 받지 않고 오직 목소리에게만 의존하게 만들려는 계획이었어요. 사랑하는 사람들과의 단절은 나를 더욱 나약하고 취약하게 만들었고, 목소리의 영향력은 더욱 강해졌답니다. 나는 점점 더 목소리의 세계에 갇혀 현실 세계와의 연결고리를 잃어갔어요.

타인에게 공감하는 마음 꺾기

목소리의 고립 전략은 나를 세상으로부터 분리시키는 것뿐만 아니라, 나의 인간적인 감정까지도 통제하려 했어요. 특히 다른 사람의 이야기에 귀 기울이거나 그들의 아픔에 공감하려는 마음이 들 때마다, 목소리는 그런 마음을 쓸데없는 것이라고 치부하며 꺾으려 했죠. 목소리는 나에게 끊임없이 속삭였어요. "남의 일에 신경 쓸 필요 없어. 네 코가 석 자야. 네 문제나 해결해.", "다른 사람에게 공감하는 것은 너의 에너지를 낭비하는 일이야. 그 에너지를 너 자신에게만 써야 해.", "약한 사람들이나 다른 사람에게 공감하는 거야. 강해지려면 냉정해져야 해. 감정에 휘둘리지 마." 같은 말들로 나를 세뇌시켰어요.

목소리는 나에게 오직 나 자신에게만 집중하라고 강요했어요. 다른 사람의 감정이나 상황에 대해 생각하는 것은 시간 낭비이며, 나에게 아무런 이득이 되지 않는다고 말했죠. 목소리의 영향으로 나는 점점 다른 사람들의 감정에 무뎌지고, 그들의 이야기에 귀 기울이는 것이 힘들어졌어요. 친구가 힘든 일을 이야기해도 진심으로 걱정하는 마음이 들지 않았고, 뉴스에서 슬픈 소식을 봐도 아무런 감흥이 없었죠. 마치 나의 감정선이 끊어진 것처럼 느껴졌답니다. 다른 사람의 기쁨이나 슬픔에 함께 반응하는 능력을 잃어갔어요.

목소리는 나의 공감 능력을 마비시켜서, 나를 차갑고 이기적인 사람으로 만들려 했어요. 인간적인 연결고리를 끊어내고, 나를 완전히 고립된 섬으로 만들려는 목소리의 전략이었죠. 공감 능력을 잃으면서 나는 다른 사람들과의 관계에서 더욱 멀어졌고, 세상은 더욱 차갑고 무관심한 곳처럼 느껴졌답니다. 목소리는 나의 마음을 딱딱하게 만들었고, 나는 점점 더 외롭고 고립된 존재가 되어갔어요.

배달 기사 이야기조차 거부

　목소리의 고립 전략은 나의 일상 속 아주 작은 부분까지 파고들었어요. 심지어 가장 친한 친구인 민준이가 나에게 들려주는 이야기들조차 목소리는 듣지 못하게 방해했죠. 민준이는 배달 일을 하면서 겪는 소소하고 인간적인 이야기들을 나에게 자주 들려주었어요. 길에서 만난 재미있는 손님 이야기, 날씨 때문에 힘들었던 날 이야기, 맛있는 음식을 배달하며 손님이 기뻐하는 모습을 보며 느꼈던 보람 이야기, 배달 중에 마주친 예쁜 풍경 이야기 등 평범하지만 생생한 삶의 이야기들이었죠. 이런 이야기들은 나를 현실 세계와 연결하고, 다른 사람들의 삶을 간접적으로나마 느끼게 해주는 중요한 통로였어요.

하지만 목소리는 그런 시시콜콜한 이야기는 중요하지 않다고 속삭였어요. "그런 남의 인생 이야기에 왜 시간을 낭비해?

네 인생이나 신경 써.", "그건 너와 아무 상관 없는 일이야. 오직 나(목소리)의 말에만 집중해야 해."하고 속삭였죠. 민준이가 이야기를 시작하려고 하면, 목소리는 내 머릿속에서 더 크게 소리를 질렀고, 나는 민준이의 목소리에 집중할 수가 없었어요. 결국 민준이의 이야기에 제대로 반응하지 못하게 되었고, 민준이는 서운해했죠. 목소리는 나를 현실 세계의 연결고리로부터 완전히 차단하려 했어요. 다른 사람의 삶에 관한 이야기를 듣는 것은 나를 현실과 연결하고 공감 능력을 유지하는 중요한 통로인데, 목소리는 그 통로마저 막아버리려 했답니다. 목소리의 집요한 방해 때문에 나는 점점 더 현실 세계와의 접점을 잃어갔고, 목소리가 만들어 낸 왜곡된 세상 속에 더욱 깊이 갇히게 되었답니다. 목소리는 나의 모든 감각과 인식을 통제하려 했고, 그 결과 나는 세상으로부터 완전히 분리된 외로운 존재가 되어갔어요.

제6화 현실의 균열과 공포

혼란스러워지는 자아상

목소리의 끊임없는 공격과 부정적인 속삭임은 나의 자아상을 뿌리부터 흔들어 놓았어요. 목소리는 나에게

"넌 실패자야. 뭘 해도 제대로 하는 게 없어.",

"네가 했던 노력들은 다 쓸모없었어. 넌 아무 가치 없는 존재야.",

"네가 사람들에게 사랑받지 못하는 건 당연해. 넌 사랑받

을 자격이 없어."

　같은 말들을 매일매일 반복해서 속삭였죠. 처음에는 목소리의 말을 믿고 싶지 않았지만, 계속해서 듣다 보니 나도 모르게 그 말들을 사실로 받아들이게 되었어요. 목소리가 나를 형편없고 쓸모없는 존재라고 말할 때마다, 나는 정말 그런 사람인 것 같은 기분이 들었죠.

나의 장점이나 좋은 점은 전혀 보이지 않았고, 오직 목소리가 지적하는 단점과 실수만이 크게 보였어요. 목소리는 나의 과거 행동들을 들춰내며 나를 비난했고, 나의 미래에 대해 절망적인 예측을 내놓았죠.

　"넌 뭘 해도 안 될 거야. 네 인생은 이미 망했어, 너 같은 사람은 행복해질 자격이 없어. 평생 불행하게 살 거야."

　같은 말들은 나의 정체성을 뿌리부터 흔들었어요. 내가 어떤 사람인지, 무엇을 좋아하고 싫어하는지, 무엇을 잘하는지, 무엇을 믿고 살아야 하는지 모든 것이 혼란스러웠답니다. 목소리가 말하는 '나'와 내가 어렴풋이 기억하는 '나' 사이에서 심한 괴리감을 느꼈죠. 거울 속에 비친 내 모습조차 낯설게 느껴졌고, 마치 내가 아닌 다른 사람이 된 것 같았어요. 나 자신을 잃어버린 것 같은 깊은 상실감에 빠졌고, 나는 누구인지조차 알 수 없는 혼돈에 휩싸이게 되었답니다. 자아상의 혼란은 나를 더욱 불안하게 만들었고, 목소리의 영향력 아래 놓이기 쉽게 만들었어요. 나 자신을 믿을 수 없게 되자, 나는 오직 목소리의 말에만 의지하게 되었고, 목소리가 만들어

낸 거짓된 자아상에 갇혀버렸답니다.

나의 목소리의 경계 허물기

목소리의 영향력이 강해질수록, 나와 목소리의 경계는 점점 더 모호해졌어요. 처음에는 목소리가 '나'와 분리된 다른 존재처럼 느껴졌지만, 시간이 지나면서 목소리가 하는 말이 나의 생각인 것 같고, 목소리가 느끼는 감정이 나의 감정인 것처럼 느껴졌죠. 목소리가 나에게 화를 내면 나도 함께 화가 났고, 목소리가 슬퍼하면 나도 슬퍼졌어요. 목소리가 두려움을 느끼면 나도 극심한 공포에 휩싸였죠. 마치 목소리가 나의 감정을 조종하는 것 같았답니다. 나의 감정이 나의 것이 아니라, 목소리에 의해 만들어지는 것처럼 느껴졌어요. 더욱 무서웠던 것은, 때로는 목소리가 나를 완전히 지배해서, 내가 아닌 목소리가 내 몸을 움직이는 것 같은 섬뜩한 기분마저 들었다는 거예요. 목소리가 시키는 대로 말하고 행동하는 나 자신을 발견했을 때, 나는 극심한 공포를 느꼈어요.

나의 입에서 나오는 말이 나의 생각이 아니고, 나의 손발이 움직이는 것이 나의 의지가 아닌 것 같았죠. 마치 목소리의 꼭두각시가 된 것 같았답니다. 나와 목소리의 경계가 무너지면서, 나는 나 자신을 통제할 수 없게 되었고, 목소리의 의지에 완전히 휘둘리게 되었답니다. 나의 몸과 마음이 더 이상 나의 것이 아닌 것 같았고, 나는 그저 목소리의 명령을 따르는 기계가 된 것 같았어요. 이 상태가 계속되면 나라는 존재 자체가 사라져 버릴지도 모른다는 두려움이 나를 짓눌렀어요. 나의 의식은 점점 희미해지고, 목소리의 의식만이 선명해지는 것 같았죠.

현실에 나타나는 공포의 그림자

　목소리의 속삭임은 나의 현실 인식에도 심각한 영향을 미쳤어요. 목소리가 만들어낸 공포스러운 상상들이 실제로 눈앞에 나타나는 것 같은 착각에 빠지기도 했죠. 목소리가 나에게 "누군가 너를 감시하고 있어. 네 모든 행동을 지켜보고 있어."라고 속삭이면, 길을 걷다가도 사람들이 나를 쳐다보는 것 같고, 집 안에서도 창밖이나 문틈으로 누군가 나를 지켜보는 것 같은 기분이 들었어요. 인기척이 없는 곳에서도 누군가의 발소리가 들리는 것 같았고, 밤에는 작은 소리에도 깜짝 놀라 잠을 이루지 못했답니다.

　목소리가 "세상이 너를 해치려 해. 모두가 너의 불행을 바라고 있어."라고 말하면, 평범한 일상 가운데서도 위험을 느끼고 극심한 불안감에 시달렸어요. 길을 가다가 마주치는 사람들의 표정에서 악의를 읽는 것 같았고, 뉴스 기사나 TV

프로그램 내용이 나를 겨냥하는 것처럼 느껴지기도 했죠. 실제로는 존재하지 않는 위험을 느끼고, 실제로는 일어나지 않은 일에 대해 두려워했답니다. 현실과 환상의 경계가 무너지면서, 나는 목소리가 만들어낸 공포의 세계 속에서 살게 되었어요. 목소리의 속삭임은 나의 눈과 귀를 왜곡시켰고, 나는 목소리가 보여주는 대로 세상을 보게 되었답니다. 현실에 나타나는 공포의 그림자는 나의 일상을 마비시켰고, 나는 집 밖으로 나가는 것조차 두려워하게 되었어요. 목소리는 나를 현실로부터 완전히 분리하여, 자신만의 공포스러운 세계에 가두려 했답니다. 세상은 더 이상 안전한 곳이 아니었고, 나는 끊임없이 위협받는 존재가 되었어요.

통제력을 잃어가는 두려움

나의 생각, 감정, 행동 모두 목소리에 의해 좌우되는 것을 느끼면서, 나는 내 삶에 대한 통제력을 완전히 잃어버릴 것 같은 극심한 두려움에 시달렸어요. 목소리가 시키는 대로 하지 않으면 끔찍한 일이 일어날 것 같았고, 목소리의 명령을 거부할 용기가 나지 않았죠. 목소리는 나에게 때로는 위험하거나 비이성적인 행동을 하도록 부추겼고, 나는 그것을 거부하기 위해 안간힘을 써야 했답니다. 나의 의지가 사라지고, 목소리의 의지만이 남은 것 같았어요.

이대로 목소리에 끌려다니다가 나 자신이 완전히 사라져버리거나, 목소리가 시키는 대로 돌이킬 수 없는 일을 저지를지도 모른다는 생각에 밤잠을 설쳤어요. 나의 몸과 마음이 더 이상 나의 것이 아닌 것 같았고, 나는 그저 목소리의 꼭두각시가 되어 파멸을 향해 걸어가는 것 같았죠. 통제력을 잃어가는 두려움은 나를 극심한 절망과 무기력감에 빠뜨렸답니다. 나는 이 상황에서 벗어나고 싶었지만, 어떻게 해야 할지 전혀 알 수 없었어요. 나의 의지는 점점 약해지고, 목소리의 힘은 점점 강해지는 것 같았죠. 나는 나 자신을 구원할 힘이 없다고 느꼈고, 이대로 목소리에 완전히 잠식당할지도 모른다는 공포에 사로잡혔답니다. 나의 삶은 더 이상 나의 것이 아니었고, 나는 목소리라는 존재의 포로가 되어버린 것 같았어요.

제 7 화 민준의 변함없는 우정

주인공의 변화를 걱정하는 친구

내가 목소리의 속삭임에 점점 더 깊이 빠져들고, 세상으로부터 스스로를 고립시키고 있을 때, 나의 가장 가까운 곳에서 나의 변화를 가장 먼저 알아차리고 진심으로 걱정해 준 사람이 있었어요. 바로 나의 오랜 친구, 민준이었죠. 우리는 어릴 때부터 함께 자라온 둘도 없는 친구였어요. 서로의 가장 바보 같은 모습부터 가장 진지한 고민까지 모두 알고 있는 사이였죠. 민준이는 나를 누구보다 잘 알고 있었기에, 나의 미묘한 변화들을 놓치지 않았답니다.

처음에는 아주 작은 변화들이었어요. 예전 같으면 시시콜콜한 이야기까지 나누며 웃고 떠들었을 텐데, 어느 날부터인가 내가 말수가 줄어들기 시작했죠. 민준이가 재미있는 이야기를 해도 예전처럼 크게 웃지 않고, 그저 희미하게 미소 짓거나 멍하니 있을 때가 많아졌어요. 눈빛도 달라졌어요. 예전에는 호기심과 장난기로 반짝이던 눈빛이 점점 흐릿해지고 초점이 없어지는 것 같았죠. 얼굴에는 늘 어두운 그림자가 드리워져 있었고, 쉽게 불안해하거나 짜증을 내기도 했답니다. 민준이는 처음에는 내가 그냥 힘든 일이 있거나 기분이 안 좋은가 보다 생각했어요. 누구나 그럴 때가 있으니까요. 그래서 평소처럼 나에게 다가가려고 노력했죠. 맛있는 것을 사주거나, 함께 게임을 하자고 하거나, 그냥 옆에 있어 주려고 했어요.

하지만 나의 변화는 일시적인 것이 아니었어요. 시간이 지날수록 변화는 더욱 심해졌답니다. 민준이의 연락을 피하기 시작했어요. 전화가 오면 받지 않고, 메시지에는 단답형으로만 답하거나 아예 답장하지 않을 때도 많았죠. 만나자는 약속을 잡으려고 하면 이런저런 핑계를 대며 피했어요. 예전에는 매일 같이 붙어 다니던 우리가, 점점 만나는 횟수가 줄어들고 결국에는 거의 만나지 않게 되었답니다. 민준이는 처음에는 서운함을 느꼈을 거예요. 친구가 갑자기 자신을 피하니까요. 하지만 민준이는 서운함보다는 걱정이 앞섰어요. '얘가 왜 이러지?', '무슨 힘든 일이라도 생긴 건가?' 하는 생각에 밤잠을 설쳤을지도 몰라요.

나의 행동뿐만 아니라, 나의 말과 생각도 변했어요. 가끔 민준이와 짧게 통화하거나 메시지를 주고받을 때, 나는 예전과는 전혀 다른 이야기를 했어요. 세상이 위험하다거나, 사람들을 믿을 수 없다거나, 나 자신은 아무 쓸모가 없다는 식의 부정적이고 절망적인 말들을 했죠. 민준이는 그런 나의 말을 들을 때마다 가슴이 철렁 내려앉았을 거예요. 자신이 알던 밝고 긍정적인 친구의 모습은 온데간데없고, 어둡고 비관적인 생각에 사로잡힌 낯선 사람의 목소리만 들리는 것 같았겠죠. 민준이는 나의 변화가 단순한 사춘기나 일시적인 슬픔이 아니라는 것을 직감했어요. 뭔가 심각한 문제가 나를 갉아먹고 있다는 것을 느꼈답니다.

민준이는 나를 그냥 두고 볼 수 없었어요. 친구로서, 가족처럼 소중한 나를 이대로 잃을 수는 없다고 생각했죠. 그는 나에게 무슨 일이 있는지 조심스럽게 물어왔지만, 목소리의 방해 때문에 나는 솔직하게 이야기할 수 없었어요. 오히려 목소리는 민준이를 경계하라고 속삭였고, 나는 민준이에게 이유 없이 짜증을 내거나 차갑게 대하기도 했죠. 민준이는 그런 나의 태도에 상처받았을 수도 있지만, 그는 자신의 감정보다 나에 대한 걱정이 훨씬 컸어요. 그는 나의 차가운 반응에도 불구하고 포기하지 않았답니다.

민준이는 내가 왜 변했는지 이해할 수 없었지만, 한 가지는 확실히 알 수 있었어요. 바로 내가 힘들어하고 있다는 사실이었죠. 나의 눈빛, 나의 말투, 나의 행동 모든 것에서 고통과 불안이 느껴졌을 거예요. 민준이는 그런 나를 보며 가슴이 찢어지는 것 같았을 거예요. 자신이 가장 아끼는 친구가 어둠 속으로 점점 가라앉고 있는데, 자신은 아무것도 해줄 수 없다는 무력감에 시달렸을지도 몰라요. 민준이의 걱정 어린 시선과 태도는 어둠 속에 갇혀 있던 나에게 '아직 나를 걱정해주는 사람이 있구나' 하는 작은 위안을 주었어요. 목소리가 아무리 나를 고립시키려 해도, 민준이의 변함없는 걱정은 나를 세상과 연결하는 아주 가는 실처럼 남아 있었답니다. 민준이는 나를 구원하려 애쓰는 영웅은 아니었지만, 그의 진심 어린 걱정이야말로 내가 완전히 길을 잃지 않도록 붙잡아주는 소중한 닻이 되어주었어요. 그는 내가 예전의 나로 돌아오기를 간절히 바랐고, 그 바람은 나에게 닿아 작은 파동을 일으켰답니다.

끈질기게 다가오는 진심

　내가 목소리의 속삭임에 사로잡혀 주변 사람들을 밀어내고 스스로를 고립시키려 할 때, 가장 큰 벽에 부딪혔던 상대는 바로 친구 민준이었어요. 목소리는 민준이를 경계하고 멀리하라고 끊임없이 속삭였죠. "민준이는 네가 약해진 틈을 타서 너를 이용하려 할 거야.", "그는 네가 힘들어하는 모습을 보며 속으로 비웃고 있을지도 몰라.", "그의 친절함은 다 가식이야. 믿지 마." 같은 말들로 나를 세뇌시켰어요. 목소리의 말 때문에 나는 민준이를 의심하게 되었고, 그가 다가올 때마다 불안하고 불편한 마음이 들었답니다.

　그래서 나는 민준이를 피하기 시작했어요. 전화가 오면 받지 않고, 메시지에는 단답형으로만 답하거나 아예 답장하지 않을 때도 많았죠. 민준이가 만나자고 하면 이런저런 핑계를 대며 거절했어요. 예전에는 매일 같이 붙어 다니며 모든 것을 공유했던 친구였는데, 이제는 그의 얼굴조차 마주하기가 힘들었답니다. 목소리는 내가 민준이를 멀리할 때마다 만족스러운 듯 속삭였어요. "잘했어. 그를 멀리해야 네가 안전해져."라고 말이죠. 나는 목소리의 말을 따르는 것이 나를 지키는 길이라고 생각했어요.

하지만 민준이는 포기하지 않았어요. 내가 연락을 피하고 만나주지 않아도, 그는 끈질기게 나에게 다가왔죠. 전화가 오지 않으면 메시지를 보냈고, 메시지에 답이 없으면 짧은 음성 메시지를 남겼어요. 집 밖으로 나가지 않는 나를 위해 집 앞으로 찾아와 문 앞에서 나를 부르기도 했답니다. 그의 목소리에는 비난이나 재촉 대신, 나의 안부를 묻고 자신의 일상을 나누는 따뜻하고 변함없는 진심이 담겨 있었어요. "오늘 날씨 진짜 좋다! 너도 창밖으로 하늘 좀 봐.", "점심은 먹었어? 나는 오늘 배달 갔다가 맛있는 거 발견해서 먹었지롱!", "힘든 일 있으면 언제든 말해. 꼭 해결책을 찾지 않아도 괜찮아. 그냥 네 옆에서 네 이야기 들어줄 수도 있어." 같은 사소하지만 진심 어린 말들이었죠.

목소리는 민준이의 이런 행동들을 보며 더욱 강하게 나를 부추겼어요. "봐봐, 저렇게 끈질기게 귀찮게 하잖아. 너를 자기 마음대로 하려고 저러는 거야.", "네가 힘들어하는 걸 즐기는지도 몰라. 동정심을 가장해서 너에게 접근하는 거라고." 같은 말들로 민준이의 진심을 왜곡시켰죠. 나는 목소리의 말 때문에 민준이의 따뜻한 메시지를 읽으면서도 마음이 불편했고, 그의 목소리를 들으면서도 의심의 눈초리를 거두지 못했어요. 민준이가 집 앞으로 찾아왔을 때는 문을 열어주지 않고 숨어 있기도 했답니다.

그럼에도 불구하고 민준이는 포기하지 않았어요. 나의 차가운 반응과 거절에도 상처받지 않고, 변함없이 나에게 다가왔죠. 그의 끈질긴 노력은 목소리의 고립 전략에 조금씩 균열을 일으키기 시작했어요. 목소리가 아무리 민준이를 나쁜 사람이라고 속삭여도, 그의 진심 어린 행동들은 목소리의 거짓말과 달랐기에 나는 혼란스러웠답니다. 목소리는 민준이를 멀리하라고 했지만, 민준이가 보내는 메시지나 그의 목소리를 들을 때면 마음 한구석에서 따뜻함과 안도감을 느꼈기 때문이죠.

민준이의 끈질긴 다가옴은 나에게 '아직 나를 포기하지 않은 사람이 있구나', '세상에 나를 진심으로 아끼는 사람이 아직 남아 있구나' 하는 강력한 메시지를 전달해 주었어요. 목소리가 나를 세상으로부터 완전히 떼어놓으려 할 때, 민준이의 변함없는 진심은 나를 세상과 연결하는 아주 가는 실처럼 남아 있었답니다. 그 실은 때로는 끊어질 듯 위태로웠지만, 민준이는 그 실을 놓지 않고 끈질기게 붙잡고 있었어요.

민준이는 나를 구원하려 애쓰는 영웅처럼 거창한 행동을 한 것은 아니었어요. 그의 행동은 아주 평범하고 일상적이었죠. 하지만 그 평범함 속에 담긴 변함없는 진심이야말로 어둠 속에 갇혀 있던 나에게 가장 필요한 것이었답니다. 목소리가 만들어 낸 왜곡된 세상 속에서 민준이의 진심은 유일하게 변하지 않는 진실처럼 느껴졌어요. 그의 끈질긴 다가옴 덕분에 나는 완전히 길을 잃지 않고, 현실 세계와의 연결고리를 완전히 끊어내지 않을 수 있었답니다. 민준이의 존재는 나에게 '아직 세상은 살 만하다'는 것을 조용히 보여주는 존재였고, 그의 변함없는 진심은 내가 다시 일어설 작은 용기를 품게 하는 소중한 씨앗이 되었답니다. 목소리의 방해 속에서도 끈질기게 나에게 닿으려 했던 민준이의 진심은 나에게 큰 감동과 함께 변화의 시작을 알리는 신호탄이 되었어요.

일상 속 삶의 이야기들

    내가 목소리의 속삭임에 사로잡혀 세상으로부터 스스로를 고립시키고, 주변 사람들을 밀어내고 있을 때, 나의 세계는 점점 좁아지고 어두워졌어요. 목소리는 나에게 세상은 위험하고, 사람들은 믿을 수 없으며, 나의 삶은 아무런 가치가 없다고 끊임없이 속삭였죠. 목소리가 만들어 낸 왜곡된 현실 속에서 나는 점점 더 깊은 절망과 공포에 빠져들었답니다. 나의 일상은 사라지고, 오직 목소리의 목소리만이 나의 전부가 되어가는 것 같았어요.

    그때, 친구 민준이가 나에게 다가왔어요. 목소리는 민준이를 경계하고 그의 말을 듣지 말라고 강하게 방해했지만, 민준이는 포기하지 않고 끈질기게 나에게 말을 걸어왔죠. 그런데 민준이가 나에게 해준 이야기들은 목소리가 말하는 것처럼 거창하거나 심오한 내용이 아니었어요. 민준이는 나에게 자신의 일상 속 삶의 이야기들을 들려주었답니다. 특히 그가 하고 있던 배달 일에 대한 이야기들이 많았죠.

민준이는 배달 일을 하면서 겪는 아주 사소하고 평범한 일들을 나에게 이야기해 주었어요. 예를 들면 이런 것들이었죠. "오늘 배달 갔는데, 손님이 문 앞에서 강아지랑 같이 기다리고 있더라? 강아지가 꼬리 흔들면서 나 반겨주는데 너무 귀여웠어!", "아, 오늘 진짜 더웠다! 땀 뻘뻘 흘리면서 언덕길 올라가는데, 손님이 시원한 물 한 잔 주더라. 진짜 감동이었어!", "근데 어떤 손님은 주소를 잘못 알려줘서 한참 헤맸잖아. 겨우 찾아갔는데 미안하다는 말도 없더라? 좀 얄미웠지!", "오늘 배달 갔다가 길고양이 만났는데, 나 보자마자 도망가더라. 간식이라도 줄려고 했는데 아쉽네.", "와, 오늘 저녁 노을 진짜 예뻤다! 배달 가다가 잠깐 멈춰서 사진 찍었잖아. 너도 봤으면 좋았을 텐데."

이런 이야기들은 목소리가 나에게 들려주는 공포스럽고 부정적인 이야기들과는 완전히 달랐어요. 민준이의 이야기 속에는 평범한 사람들의 일상, 작은 친절, 때로는 사소한 짜증, 그리고 아름다운 풍경 같은 현실 세계의 모습이 담겨 있었죠. 목소리는 나에게 세상은 온통 위험하고 악의로 가득 차 있다고 말했지만, 민준이의 이야기 속 세상은 여전히 따뜻함과 소소한 행복이 존재하는 곳이었어요.

목소리는 민준이의 이야기를 들을 때마다 "그런 시시콜콜한 이야기는 중요하지 않아.", "남의 인생 이야기에 왜 시간을 낭비해? 네 문제나 신경 써.", "그건 다 가짜야. 세상은 그렇게 아름답지 않아." 하고 속삭이며 방해했어요. 하지만 나는 목소리의 방해 속에서도 민준이의 이야기에 귀 기울이려고 애썼답니다. 그의 이야기는 목소리가 만들어 낸 왜곡된 세상에서 나를 잠시나마 벗어나게 해주는 탈출구 같았어요. 민준이의 목소리를 통해 들려오는 현실의 소리들은 나에게 '아직 세상은 존재한다', '나 말고 다른 사람들도 각자의 삶을 살아가고 있다'는 것을 알려주었죠.

배달 일이라는 민준이의 일상적인 경험은 나에게 큰 의미가 있었어요. 그는 매일매일 현실 세계를 직접 마주하고 있었죠. 다양한 사람들을 만나고, 날씨의 변화를 느끼고, 길 위에서 여러 풍경을 보았어요. 그의 이야기는 목소리가 나를 가두려 했던 좁고 어두운 세계와는 완전히 다른, 넓고 생생한 현실 세계의 모습을 보여주었답니다. 민준이의 이야기는 나에게 '세상은 여전히 돌아가고 있고, 그 안에는 평범하지만 소중한 삶들이 존재한다'는 것을 조용히 알려주었어요.

민준이의 일상 이야기는 나에게 큰 위로가 되었어요. 목소리가 나를 쓸모없고 가치 없는 존재라고 속삭일 때, 민준이는 묵묵히 자신의 일을 하고, 그 속에서 작은 기쁨과 어려움을 겪으며 살아가는 자신의 이야기를 들려주었죠. 그의 이야기는 나에게 '삶은 거창한 것이 아니라, 이렇게 평범한 일상 속에서 계속되는 것'이라는 것을 깨닫게 해주었어요. 그리고 나도 언젠가 다시 이렇게 평범한 일상을 살아갈 수 있을지도 모른다는 작은 희망을 품게 해주었답니다.

민준이의 일상 이야기는 나를 현실 세계와 연결해주는 튼튼한 끈이 되어주었어요. 목소리가 나를 고립시키고 현실로부터 분리시키려 할 때, 민준이의 목소리를 통해 들려오는 현실의 소리들은 나를 붙잡아주는 닻 같았죠. 그의 이야기는 나에게 '아직 세상은 살 만하다'는 것을 조용히 보여주는 존재였고, 그의 평범하지만 진실된 삶의 모습은 내가 다시 일어설 작은 용기를 품게 하는 소중한 씨앗이 되었답니다. 목소리의 방해 속에서도 끈질기게 나에게 닿으려 했던 민준이의 일상 이야기는 나에게 큰 감동과 함께 변화의 시작을 알리는 중요한 신호탄이 되었어요. 그의 이야기는 나에게 잊고 있던 현실의 맛을 다시 느끼게 해주었답니다.

어둠 속에서 현실을 붙잡는 손

내가 목소리의 속삭임에 사로잡혀 세상으로부터 스스로를 고립시키고, 주변 사람들을 밀어내고 있을 때, 나의 세계는 점점 좁아지고 어두워졌어요. 목소리는 나에게 세상은 위험하고, 사람들은 믿을 수 없으며, 나의 삶은 아무런 가치가 없다고 끊임없이 속삭였죠. 목소리가 만들어 낸 왜곡된 현실 속에서 나는 점점 더 깊은 절망과 공포에 빠져들었답니다. 나의 일상은 사라지고, 오직 목소리의 목소리만이 나의 전부가 되어가는 것 같았어요.

그때, 친구 민준이가 나에게 다가왔어요. 목소리는 민준이를 경계하고 그의 말을 듣지 말라고 강하게 방해했지만, 민준이는 포기하지 않고 끈질기게 나에게 말을 걸어왔죠. 그런데 민준이가 나에게 해준 이야기들은 목소리가 말하는 것처럼 거창하거나 심오한 내용이 아니었어요. 민준이는 나에게 자신의 일상 속 삶의 이야기들을 들려주었답니다. 특히 그가 하고 있던 배달 일에 대한 이야기들이 많았죠.

민준이는 배달 일을 하면서 겪는 아주 사소하고 평범한 일들을 나에게 이야기해 주었어요. 예를 들면 이런 것들이었죠. "오늘 배달 갔는데, 손님이 문 앞에서 강아지랑 같이 기다리고 있더라? 강아지가 꼬리 흔들면서 나 반겨주는데 너무 귀여웠어!", "아, 오늘 진짜 더웠다! 땀 뻘뻘 흘리면서 언덕길 올라가는데, 손님이 시원한 물 한 잔 주더라. 진짜 감동이었어!", "근데 어떤 손님은 주소를 잘못 알려줘서 한참 헤맸잖아. 겨우 찾아갔는데 미안하다는 말도 없더라? 좀 얄미웠지!", "오늘 배달 갔다가 길 고양이 만났는데, 나 보자마자 도망가더라. 간식이라도 줄까 했는데 아쉽네.", "와, 오늘 저녁 노을 진짜 예뻤다! 배달 가다가 잠깐 멈춰서 사진 찍었잖아. 너도 봤으면 좋았을 텐데."

이런 이야기들은 목소리가 나에게 들려주는 공포스럽고 부정적인 이야기들과는 완전히 달랐어요. 민준이의 이야기 속에는 평범한 사람들의 일상, 작은 친절, 때로는 사소한 짜증, 그리고 아름다운 풍경 같은 현실 세계의 모습이 담겨 있었죠. 목소리는 나에게 세상은 온통 위험하고 악의로 가득 차 있다고 말했지만, 민준이의 이야기 속 세상은 여전히 따뜻함과 소소한 행복이 존재하는 곳이었어요.

목소리는 민준이의 이야기를 들을 때마다 "그런 시시콜콜한 이야기는 중요하지 않아.", "남의 인생 이야기에 왜 시간을 낭비해? 네 문제나 신경 써.", "그건 다 가짜야. 세상은 그렇게 아름답지 않아." 하고 속삭이며 방해했어요. 하지만 나는 목소리의 방해 속에서도 민준이의 이야기에 귀 기울이려고 애썼답니다. 그의 이야기는 목소리가 만들어 낸 왜곡된 세상에서 나를 잠시나마 벗어나게 해주는 탈출구 같았어요. 민준이의 목소리를 통해 들려오는 현실의 소리들은 나에게 '아직 세상은 존재한다', '나 말고 다른 사람들도 각자의 삶을 살아가고 있다'는 것을 알려주었죠.

배달 일이라는 민준이의 일상적인 경험은 나에게 큰 의미가 있었어요. 그는 매일매일 현실 세계를 직접 마주하고 있었죠. 다양한 사람들을 만나고, 날씨의 변화를 느끼고, 길 위에서 여러 풍경을 보았어요. 그의 이야기는 목소리가 나를 가두려 했던 좁고 어두운 세계와는 완전히 다른, 넓고 생생한 현실 세계의 모습을 보여주었답니다. 민준이의 이야기는 나에게 '세상은 여전히 돌아가고 있고, 그 안에는 평범하지만 소중한 삶들이 존재한다'는 것을 조용히 알려주었어요.

민준이의 일상 이야기는 나에게 큰 위로가 되었어요. 목소리가 나를 쓸모없고 가치 없는 존재라고 속삭일 때, 민준이는 묵묵히 자신의 일을 하고, 그 속에서 작은 기쁨과 어려움을 겪으며 살아가는 자신의 이야기를 들려주었죠. 그의 이야기는 나에게 '삶은 거창한 것이 아니라, 이렇게 평범한 일상 속에서 계속되는 것'이라는 것을 깨닫게 해주었어요. 그리고 나도 언젠가 다시 이렇게 평범한 일상을 살아갈 수 있을지도 모른다는 작은 희망을 품게 해주었답니다.

민준이의 일상 이야기는 나를 현실 세계와 연결해주는 튼튼한 끈이 되어주었어요. 목소리가 나를 고립시키고 현실로부터 분리시키려 할 때, 민준이의 목소리를 통해 들려오는 현실의 소리들은 나를 붙잡아주는 닻 같았죠. 그의 이야기는 나에게 '아직 세상은 살 만하다'는 것을 조용히 보여주는 존재였고, 그의 평범하지만 진실된 삶의 모습은 내가 다시 일어설 작은 용기를 품게 하는 소중한 씨앗이 되었답니다. 목소리의 방해 속에서도 끈질기게 나에게 닿으려 했던 민준이의 일상 이야기는 나에게 큰 감동과 함께 변화의 시작을 알리는 중요한 신호탄이 되었어요. 그의 이야기는 나에게 잊고 있던 현실의 맛을 다시 느끼게 해주었답니다.

제8화 서연 선생님의 손길

불안감을 알아차린 전문가의 시선

목소리의 속삭임은 나를 깊은 어둠 속으로 몰아넣었고, 나는 점점 더 나 자신을 잃어갔어요. 현실과 환상의 경계는 흐릿해졌고, 극심한 공포와 불안이 나를 짓눌렀죠. 친구 민준이의 변함없는 우정 덕분에 완전히 무너지지는 않았지만, 혼자서는 이 상황을 헤쳐나갈 수 없다는 것을 절감했어요. 더 이상 버틸 힘이 없었죠. 마지막 희망을 잡는 심정으로, 나는 전문가의 도움을 받기로 결심했답니다. 그 결심을 하기까지 얼마나 많은 밤을 망설이고 두려워했는지 몰라요. 나를 이상하게 생각하면 어쩌지? 나의 이야기를 믿어주지 않으면 어쩌지? 하는 걱정이 앞섰죠. 하지만 살고 싶다는 간절함이 두려움을 이겨냈어요.

심리 상담 센터의 문을 열고 들어섰을 때, 나의 심장은 미친 듯이 뛰고 있었어요. 온몸이 떨렸고, 식은땀이 흘렀죠. 상담실 안으로 들어서는 발걸음은 천근만근 무거웠답니다. 마침내 서연 선생님과 마주 앉았을 때, 나는 고개를 제대로 들지도 못했어요. 나의 초라하고 망가진 모습을 들키고 싶지 않았고, 나의 눈 속에 담긴 공포와 혼란을 보여주고 싶지 않았죠. 그저 땅바닥만 바라보며 앉아 있었어요.

그때, 선생님의 목소리가 들려왔어요. 아주 부드럽고 차분한 목소리였죠. "안녕하세요. 오시느라 힘드셨죠?" 그 짧은 말 한마디에 나는 고개를 살짝 들었어요. 그리고 서연 선생님의 눈과 마주쳤답니다. 선생님의 눈빛은 따뜻했지만, 동시에 아주 예리했어요. 나를 훑어보는 듯했지만, 그것은 평가하거나 비난하는 시선이 아니었어요. 마치 나의 겉모습 뒤에 숨겨진 나의 진짜 상태, 나의 불안감, 나의 고통을 단번에 꿰뚫어 보는 듯한 시선이었죠.

선생님은 아무 말 없이 잠시 나를 바라보셨어요. 그 짧은 순간이 나에게는 영원처럼 느껴졌죠. 나는 선생님의 눈빛 속에서 비난 대신 이해를 보았고, 동정 대신 공감을 느꼈어요.

선생님은 나의 겉모습이나 내가 애써 숨기려 하는 불안함 뒤에 있는 나의 진짜 아픔을 알아차리신 것 같았어요. 나의 떨리는 손, 불안한 눈빛, 굳게 다문 입술, 그리고 온몸에서 풍겨 나오는 절망감까지, 선생님은 그 모든 것을 놓치지 않고 읽어내신 것 같았죠.

그 순간, 나의 마음속에서 무언가 쿵 하고 무너지는 소리가 들렸어요. 그동안 아무에게도 이해받지 못하고 혼자서 끙끙 앓아왔던 나의 고통을, 이 사람은 단번에 알아차렸겠다는 생각에 눈물이 왈칵 쏟아졌답니다. 나는 애써 눈물을 참으려 했지만, 한번 터진 눈물은 멈추지 않았어요. 서연 선생님은 당황하지 않고 조용히 티슈를 건네주시며 말씀하셨어요. "괜찮아요. 여기서만큼은 편하게 우셔도 돼요. 얼마나 힘드셨을지 조금은 알 것 같아요."

선생님의 그 말씀은 나에게 큰 안도감을 주었어요. '조금은 알 것 같아요'라는 그 말이 나에게는 '당신이 얼마나 힘들었는지 모두 이해해요'라고 들렸죠. 그동안 아무리 설명하려 해도 다른 사람들은 이해하지 못했던 나의 고통을, 이 전문가는 단번에 알아차렸다는 사실이 나에게는 기적처럼 느껴졌답니다. 나를 이상하게 생각할까 봐, 나의 이야기를 믿어주지 않을까 봐 그토록 두려워했는데, 선생님은 나의 이야기를 시작하기도 전에 이미 나의 상태를 파악하고 계셨던 거죠.

선생님의 따뜻하면서도 예리한 시선은 나에게 '나는 혼자가 아니구나', '나의 고통은 진짜였구나', '그리고 이 사람은 나를 도울 수 있는 사람이구나' 하는 강력한 메시지를 전달해주었어요. 그동안 목소리가 나에게 '너는 이상해', '아무도 너를 이해하지 못할 거야'라고 속삭였던 모든 거짓말들이 선생님의 시선 앞에서 힘을 잃는 것 같았죠. 전문가의 따뜻하고 예리한 시선은 나에게 큰 안도감을 주었고, 드디어 나를 이해해주는 사람을 만났다는 생각에 마음속 깊은 곳에서부터 희망이 솟아나는 것을 느꼈답니다.

서연 선생님의 존재는 나에게 '치료받을 수 있다', '나아질 수 있다'는 구체적인 희망을 안겨주었어요. 막연한 두려움 속에서 헤매던 나에게, 선생님은 나침반처럼 나아갈 방향을 제시해주셨죠. 선생님의 전문적인 시선은 나의 어려움이 단순히 나약함이나 이상함 때문이 아니라, 도움이 필요한 상태라는 것을 인정하게 해주었고, 치료를 통해 나아질 수 있다는 확신을 가질 수 있게 해주었답니다. 서연 선생님과의 만남은 나의 어둠 속 여정에서 가장 중요한 전환점이 되었어요. 그분의 따뜻하고 예리한 시선은 나에게 '괜찮다'고 말해주는 것 같았고, 나는 그 시선 속에서 다시 살아갈 용기를 얻었답니다.

공감과 함께하는 상담

　서연 선생님의 따뜻하고 예리한 시선 속에서 나는 큰 안도감을 느꼈지만, 막상 나의 이야기를 시작하려니 입이 떨어지지 않았어요. 목소리는 여전히 내 머릿속에서 시끄럽게 속삭였죠. "네 이야기를 누가 믿어주겠어? 다들 너를 이상하게 생각할 거야.", "네가 겪은 일은 너무 끔찍해서 아무도 이해하지 못할 거야.", "괜히 이야기했다가 더 힘들어질 뿐이야. 그냥 조용히 있어." 목소리의 방해와 함께, 내가 겪고 있는 일들을 다른 사람에게 이야기한다는 것 자체가 너무나 수치스럽고 두려웠답니다. '내가 미쳐버린 것은 아닐까'라는 생각에 스스로를 비난하기도 했죠.

　서연 선생님은 나의 망설임과 두려움을 눈치채신 듯, 재촉하지 않고 조용히 기다려 주셨어요. 상담실 안은 따뜻하고 아늑했어요. 부드러운 조명과 편안한 의자, 그리고 선생님의 차분한 존재감 덕분에 조금씩 긴장이 풀리는 것을 느꼈죠. 선생님은 나에게 편안하게 앉으라고 권하시며, 따뜻한 차를 한 잔 내어주셨어요. 차를 마시며 잠시 숨을 고르는 동안, 선생님은 나에게 어떤 이야기도 괜찮다고, 준비가 되면 언제든 시작해도 좋다고 말씀해 주셨답니다. 그 기다림 속에서 나는 용기를 낼 수 있었어요.

아주 작은 이야기부터 시작했어요. 처음 목소리가 들리기 시작했을 때의 느낌, 목소리가 나에게 얼마나 달콤하게 다가왔는지, 그리고 내가 그 목소리에 어떻게 의지하게 되었는지 조심스럽게 이야기했죠. 목소리가 변하기 시작했을 때의 불안감, 공격적이고 부정적인 말들 때문에 얼마나 힘들었는지도 이야기했어요. 나의 이야기를 듣는 선생님의 눈빛은 흔들림 없이 따뜻했고, 깊은 공감이 담겨 있었어요. 선생님은 나의 말을 끊거나 평가하지 않으셨고, 그저 조용히 귀 기울여 주셨답니다. 때로는 고개를 끄덕이며 내가 계속 이야기하도록 격려해 주셨고, 때로는 나의 감정을 읽어주시며 "그때 정말 무서우셨겠어요.", "얼마나 외로우셨을까요." 하고 말씀해 주셨죠.

선생님의 공감은 나에게 큰 힘이 되었어요. 그동안 아무에게도 이해받지 못하고 혼자서 끙끙 앓아왔던 나의 고통을, 선생님은 진심으로 이해해 주시는 것 같았죠. 목소리가 나에게 '너는 이상해', '네가 겪는 일은 아무도 이해 못 해'라고 속삭였던 모든 거짓말들이 선생님의 공감 앞에서 힘을 잃는 것 같았어요. 나의 경험이 이상한 것이 아니라, 도움이 필요한 상태라는 것을 인정받는 느낌이었죠. 선생님의 공감 속에서 나는 처음으로 나의 속마음을 안전하게 밖으로 꺼내놓을 수 있었고, 마음속 깊이 억눌려 있던 두려움, 슬픔, 분노, 혼란스러운 감정들을 조금씩 풀어낼 수 있었답니다.

상담이 진행되면서 나는 점점 더 솔직하게 나의 이야기를 할 수 있게 되었어요. 목소리가 나에게 주변 사람들을 믿지 말라고 하고, 친구와 가족을 멀리하라고 지시했던 이야기, 타인에게 공감하는 마음을 꺾으려 했던 이야기, 그리고 목소리 때문에 현실과 환상이 뒤섞이고 통제력을 잃어가는 것 같았던 무서운 경험들까지 모두 이야기했죠. 나의 이야기를 하는 동안 눈물을 흘리기도 했고, 때로는 목소리에 대한 분노 때문에 목소리를 높이기도 했어요. 선생님은 나의 모든 감정을 있는 그대로 받아주셨답니다. 나의 눈물에 함께 슬퍼해 주셨고, 나의 분노에 공감해 주셨어요.

선생님은 나의 이야기를 들으면서, 내가 겪고 있는 일들이 무엇인지, 왜 그런 일들이 일어나는지 차분하게 설명해 주셨어요. 나의 상태를 병으로 진단받았을 때 처음에는 충격받았지만, 선생님의 설명을 들으면서 내가 겪는 고통이 나만의 문제가 아니라는 것을 알게 되었고, 치료를 통해 나아질 수 있다는 희망을 가질 수 있었답니다. 선생님은 나의 경험을 전문적인 지식과 연결하여 설명해 주셨고, 그것은 나에게 큰 이해와 안정을 가져다주었어요. 내가 겪는 일들이 단순히 '미쳐가는 것'이 아니라, 치료가 가능한 상태라는 것을 알게 되자 두려움이 조금씩 줄어들었죠.

서연 선생님과의 상담 시간은 나에게 가장 안전하고 편안한 시간이었어요. 그 공간에서는 목소리의 속삭임도 잠시 힘을 잃는 것 같았죠. 선생님의 따뜻한 공감과 깊은 이해 속에서 나의 상처는 조금씩 아물기 시작했어요. 나의 이야기를 들어주고, 나의 감정을 함께 느껴주고, 나를 있는 그대로 받아들여 주는 선생님의 존재는 나에게 큰 위안과 치유의 힘을 주었답니다. 공감과 이해는 어떤 약보다 강력한 치유의 힘을 가지고 있다는 것을 깨달았어요. 선생님과의 상담을 통해 나는 나 자신을 비난하는 대신 이해하게 되었고, 나의 아픔을 숨기는 대신 드러내고 치유할 용기를 얻었답니다. 서연 선생님은 나에게 단순한 상담가 이상의 존재였어요. 나를 어둠 속에서 끌어내 준 구원자이자, 나 자신을 다시 찾도록 이끌어준 안내자였죠. 그분의 공감과 함께하는 상담은 나의 회복 여정에서 가장 중요한 기반이 되어주었답니다.

심리적 안정과 대처 방법 습득

서연 선생님과의 상담을 통해 나의 아픔을 이야기하고 공감 받으면서, 마음속 깊이 억눌려 있던 감정들이 조금씩 해소되기 시작했어요. 하지만 여전히 목소리의 속삭임은 나를 괴롭혔고, 불안감과 공포는 쉽게 사라지지 않았죠. 목소리가 만들어 내는 왜곡된 현실과 싸우는 것은 너무나 버거웠고, 나는 여전히 언제 목소리에 휘둘릴지 모른다는 두려움에서 살고 있었답니다. 나의 마음은 여전히 폭풍우가 몰아치는 바다처럼 불안정했어요.

서연 선생님은 나의 이런 상태를 정확히 이해하셨어요. 선생님은 나의 이야기를 들어주는 것에서 멈추지 않고, 내가 스스로 목소리에 맞서고 마음의 안정을 찾을 수 있도록 구체적인 방법들을 가르쳐주기 시작하셨죠. 선생님은 말씀하셨어요. "목소리는 당신의 일부가 아니에요. 그것은 외부에서 들려오는 소리일 뿐이죠. 그리고 당신에게는 그 소리에 휘둘리지 않고 스스로를 지킬 힘이 있어요. 그 힘을 함께 찾아봐요." 선생님의 그 말씀은 나에게 큰 울림을 주었어요. 내가 목소리에게 완전히 잠식당한 것이 아니라, 여전히 나 자신으로서 존재하며 목소리에 맞설 수 있다는 희망을 보았기 때문이죠.

선생님은 가장 먼저 목소리를 '나'와 분리하는 연습을 시키셨어요. 목소리가 들릴 때마다 그것을 나의 생각이나 감정으로 받아들이는 대신, '아, 목소리가 또 이야기하네' 하고 객관적으로 인지하는 연습이었죠. 처음에는 쉽지 않았어요. 목소리는 너무나 그럴듯했고, 나의 가장 깊은 불안감을 파고들었기 때문이죠. 하지만 선생님은 인내심을 가지고 반복해서 연습하도록 도와주셨어요. 목소리가 들릴 때마다 속으로 '이것은 목소리다'라고 되뇌는 연습을 하면서, 나는 조금씩 목소리를 나 자신과 분리해서 바라볼 수 있게 되었답니다. 목소리가 나를 지배하는 존재가 아니라, 그저 나에게 말을 거는 '소리' 중 하나라는 것을 인지하는 것만으로도 목소리의 힘이 약해지는 것을 느낄 수 있었어요.

다음으로 선생님은 목소리의 말에 대해 비판적으로 생각하는 방법을 가르쳐주셨어요. 목소리가 부정적인 말이나 의심스러운 지시를 할 때, 그것을 무조건 믿는 대신 '정말 그럴까?' 하고 스스로한테 질문하는 연습이었죠. 예를 들어, 목소리가 나에게 "넌 실패자야. 뭘 해도 안 될 거야."라고 속삭이면, 나는 속으로 '정말 그럴까? 내가 했던 노력들은 실패가 아니었어. 나는 작은 성공들도 경험했어.'라고 반문했어요. 목소리가 "아무도 너를 좋아하지 않아."라고 말하면, 나는 '정말 그럴까? 민준이는 나를 좋아해 주고, 서연 선생님도 나를 아껴주셔. 나를 지지해주는 사람들이 있어.'라고 생각했죠.

목소리의 주장을 비판적으로 검토하고, 사실과 다른 점을 찾아내면서 목소리의 거짓말을 간파할 수 있게 되었답니다. 목소리가 아무리 그럴듯하게 속삭여도, 나의 이성과 경험을 바탕으로 그것이 진실인지 아닌지 판단하는 힘이 생겼죠. '정말 그럴까?'라는 질문은 목소리의 힘을 무력화시키는 강력한 무기가 되어주었어요. 목소리의 말에 무조건 휘둘리는 대신, 스스로 생각하고 판단하는 과정을 통해 나는 점점 더 목소리로부터 독립해 나갔답니다.

선생님은 또한 불안감이 밀려올 때 스스로를 진정시키는 방법들도 가르쳐주셨어요. 가장 기본적인 것은 '땅에 발을 딛고 서는' 연습, 즉 '접지(Grounding)' 기법이었죠. 불안하거나 혼란스러울 때, 나의 오감(시각, 청각, 후각, 미각, 촉각)에 집중하여 현실 세계를 느끼는 연습이었어요. 예를 들어, 눈앞에 보이는 다섯 가지 물건의 이름을 속으로 말하고, 들리는 네 가지 소리에 귀 기울이고, 느껴지는 세 가지 감각(옷의 감촉, 의자의 딱딱함 등)을 인지하고, 맡을 수 있는 두 가지 냄새를 찾고, 맛볼 수 있는 한 가지 맛을 떠올리는 식이었죠. 이 연습을 통해 나는 목소리가 만들어내는 환상에서 벗어나 현실 세계로 돌아오는 방법을 배울 수 있었답니다.

심호흡이나 명상 같은 이완 기법도 배웠어요. 불안감이 극심할 때 천천히 숨을 들이쉬고 내쉬는 것만으로도 마음이 조금씩 차분해지는 것을 경험했죠. 선생님은 매일 꾸준히 명상 연습을 하도록 권하셨고, 명상을 통해 나의 생각과 감정을 객관적으로 관찰하는 힘을 기를 수 있었답니다. 이러한 심리적인 안정 기법들은 목소리가 나를 흔들려 할 때 스스로를 보호하고 진정시키는 강력한 도구가 되어주었어요.

이러한 대처 방법들을 꾸준히 연습하면서, 나의 마음은 조금씩 안정을 찾아갔어요. 목소리가 들려와도 예전처럼 극심한 불안감이나 공포에 휩싸이지 않게 되었죠. 목소리의 속삭임에 압도되는 대신, 그것을 객관적으로 인지하고 비판적으로 생각하며 대처할 수 있게 되었답니다. 나의 생각과 감정이 목소리에 의해 좌우되는 것이 아니라, 나 스스로 통제할 수 있다는 것을 깨달았을 때, 나는 큰 해방감을 느꼈어요.

심리적 안정과 대처 방법 습득은 나에게 자신감을 불어넣어 주었어요. 더 이상 목소리의 꼭두각시가 아니라, 나의 삶의 주인이 되기 위한 구체적인 도구들을 손에 쥔 것이었죠. 목소리가 아무리 강하게 속삭여도, 나에게는 그것에 맞서고 나 자신을 지킬 수 있는 힘이 있다는 것을 알게 되었답니다. 이러한 변화는 나에게 큰 희망을 주었고, 내가 이 싸움에서 이길 수 있다는 확신을 가질 수 있게 해주었어요. 서연 선생님께 배운 방법들은 나의 회복 여정에서 가장 중요한 기반이 되었고, 나는 이 도구들을 사용하여 어둠 속에서 벗어나 빛을 향해 나아갈 수 있게 되었답니다.

스스로를 돌보는 법 배우기

 서연 선생님과의 상담을 통해 목소리의 실체를 파악하고, 불안감을 다스리며 목소리에 대처하는 방법들을 배우기 시작하면서 나의 상태는 조금씩 나아지고 있었어요. 하지만 여전히 마음 한구석에는 깊은 상처와 자기 비난이 남아 있었죠. 목소리는 나에게 끊임없이 "넌 사랑받을 자격이 없어.", "네가 겪는 고통은 다 네 잘못이야.", "넌 아무 쓸모없는 인간이야."라고 속삭였고, 나는 그 말들을 오랫동안 들어왔기에 나 자신을 미워하고 소중하게 여기지 않았답니다. 나의 몸과 마음을 함부로 대했고, 나 자신에게는 아주 엄격하고 잔인했어요.

 서연 선생님은 나의 이런 모습을 알아차리셨어요. 선생님은 말씀하셨죠. "당신이 겪는 어려움은 당신의 잘못이 아니에요. 그리고 당신은 충분히 사랑받을 자격이 있고, 소중한 존

재예요. 이제부터는 목소리가 아닌, 당신 스스로가 당신에게 가장 친절하고 따뜻한 사람이 되어주어야 해요." 선생님은 나에게 '스스로를 돌보는 것', 즉 '셀프 케어'의 중요성을 가르쳐주기 시작하셨답니다. 처음에는 스스로를 돌본다는 개념 자체가 낯설고 어색했어요. 나 자신을 미워하는 데 익숙해져 있었기 때문이죠.

선생님은 가장 먼저 나의 감정을 인정하고 받아들이는 연습을 시키셨어요. 목소리는 나의 슬픔이나 두려움, 분노 같은 감정들을 '나약함'이라고 비웃으며 억누르라고 강요했지만, 선생님은 모든 감정은 자연스러운 것이며, 그것을 느끼는 것은 괜찮다고 말씀해 주셨죠. 슬플 때는 슬픔을 느끼고, 화가 날 때는 화를 느끼는 것을 허락하는 연습을 했어요. 나의 감정을 부정하거나 억누르는 대신, '아, 내가 지금 슬프구나', '내가 지금 화가 나는구나'라고 있는 그대로 인지하는 것만으로도 마음이 조금 편안해지는 것을 느꼈답니다. 나의 감정을 인정하는 것은 나 자신을 있는 그대로 받아들이는 첫걸음이었어요.

다음으로 선생님은 나 자신에게 친절하게 대하는 방법을 가르쳐주셨어요. 목소리는 나의 작은 실수에도 가혹하게 비난했지만, 선생님은 실수해도 괜찮다고, 누구나 실수를 한다고 말씀해주셨죠. 실수를 했을 때 스스로에게 "괜찮아, 다음에는 더 잘할 수 있을 거야."라고 말해주거나, 힘든 하루를 보냈을 때 스스로에게 "오늘 하루도 정말 수고했어."라고 격려해주는 연습을 했어요. 처음에는 이런 말들이 어색하고 가식적으로 느껴졌지만, 꾸준히 연습하면서 나 자신에게 따뜻한 말을 건네는 것이 얼마나 큰 위안이 되는지 깨달았답니다. 나 자신에게 친절하게 대하는 것은 목소리의 비난에 맞서는 강력한 방패가 되어주었어요.

선생님은 또한 나의 몸을 돌보는 것의 중요성도 강조하셨어요. 목소리에 시달리면서 나는 제대로 먹지도, 자지도 못했고, 나의 몸을 방치했었죠. 선생님은 충분히 자고, 건강한 음식을 먹고, 햇볕을 쬐고, 가볍게 몸을 움직이는 것들이 나의 마음 건강에 얼마나 중요한지 알려주셨어요. 처음에는 몸을 돌보는 것이 귀찮고 의미 없게 느껴졌지만, 선생님의 조언대로 작은 것부터 실천하기 시작했어요. 하루에 한 끼라도 제대로 된 식사를 챙겨 먹고, 정해진 시간에 잠자리에 들려고 노력했죠. 햇볕을 쬐며 짧게 산책을 하기도 했답니다. 나의 몸을 돌보기 시작하면서, 신체적인 건강뿐만 아니라 정신적인 건강도 함께 좋아지는 것을 느낄 수 있었어요. 몸이 편안해지니 마음도 조금씩 안정을 찾아갔죠.

나를 위한 시간을 가지는 것도 배웠어요. 목소리는 나에게 끊임없이 무언가를 하라고 강요하거나, 아무것도 하지 않는 시간을 죄책감으로 채웠지만, 선생님은 나를 위한 휴식 시간은 꼭 필요하다고 말씀해 주셨어요. 좋아하는 음악을 듣거나, 책을 읽거나, 따뜻한 물로 목욕을 하거나, 그냥 아무것도 하지 않고 편안하게 앉아 있는 시간 등 나에게 기쁨과 평온을 주는 활동들을 찾아보라고 하셨죠. 나를 위한 시간을 가지면서, 나는 목소리의 속삭임에서 벗어나 온전히 나 자신에게 집중할 수 있었답니다. 나를 위한 시간은 나의 에너지를 충전하고 마음을 회복시키는 소중한 시간이었어요.

스스로를 돌보는 법을 배우면서, 나는 나 자신을 비난하는 대신 이해하게 되었고, 나의 아픔을 숨기는 대신 드러내고 치유할 용기를 얻었답니다. 나를 사랑하고 소중하게 여기는 마음이 커질수록, 목소리의 부정적인 말들은 힘을 잃어갔어요. 목소리가 나를 쓸모없다고 속삭여도, 나는 나 자신에게 '아니야, 나는 소중한 사람이야'라고 말해주었고, 그럴 때마다 목소리의 목소리가 작아지는 것을 느꼈죠. 스스로를 돌보는 것은 나를 지키고 나아가게 하는 가장 강력한 원동력이 되어주었어요. 서연 선생님께 배운 스스로를 돌보는 법은 나의 회복 여정에서 가장 중요한 기반이 되었고, 나는 이 방법을 통해 나 자신과 화해하고 나를 있는 그대로 받아들이는 법을 깨닫게 되었답니다. 나 자신을 사랑하는 것은 목소리라는 어둠을 이겨내는 가장 밝은 빛이었어요.

제9화 정 할아버지의 깊은 울림

다시 찾은 낡은 가게

서연 선생님과의 상담을 통해 목소리에 대처하는 방법들을 배우고 마음의 안정을 찾아가고 있었지만, 여전히 내 안에는 깊은 불안감과 혼란이 남아 있었어요. 목소리의 속삭임은 완전히 사라지지 않았고, 가끔씩 불쑥 튀어나와 나를 흔들려 했죠. 세상은 여전히 낯설고 두려운 곳처럼 느껴졌고, 나는 어디에도 완전히 정착하지 못하고 떠도는 기분이었답니다. 그럴 때마다 마음속 깊은 곳에서 무언가 따뜻하고 익숙한 것을 갈망했어요. 나를 있는 그대로 받아주고, 아무런 조건 없이 편안함을 느낄 수 있는 곳. 그런 곳이 간절했죠.

문득 어릴 적 할아버지와 함께했던 낡은 가게가 떠올랐어요. 도시의 번잡함과는 동떨어진 작은 동네에 자리 잡고 있던 그 가게는 나의 어린 시절 추억이 고스란히 담겨 있는 곳이었죠. 할아버지는 그곳에서 오래된 물건들을 고치고 새로운 물건들을 만들며 평생을 보내셨어요. 나는 학교가 끝나면 곧장 할아버지 가게로 달려가곤 했죠. 삐걱거리는 나무 바닥 소리, 기름 냄새와 나무 냄새가 섞인 독특한 향기, 벽 한가득 걸려 있던 알 수 없는 도구들, 그리고 창문으로 쏟아져 들어오던 따뜻한 햇살까지. 그 모든 것이 나의 어린 시절을 채우고 있었답니다. 할아버지는 말없이 나를 맞아주셨고, 나는 가게 한 구석에 앉아 할아버지가 일하시는 모습을 지켜보거나, 오래된 책들을 뒤적이거나, 할아버지가 만들어주신 나무 장난감을 가지고 놀았어요. 그곳은 나에게 세상에서 가장 안전하고 평화로운 공간이었죠.

오랜 시간이 흘러 할아버지는 돌아가셨고, 나는 도시로 나와 바쁘게 살면서 가게의 존재를 잊고 지냈어요. 하지만 마음이 힘들어지자, 어린 시절의 따뜻했던 기억들이 다시 떠올랐고, 그 낡은 가게가 나에게 손짓하는 것처럼 느껴졌답니다. 혹시 아직 그 자리에 있을까? 변하지 않고 나를 기다리고 있을까? 하는 생각에 조심스럽게 발걸음을 옮겼어요. 버스를 타고, 지하철을 갈아타고, 익숙하지만 낯선 골목길을 한참 걸어 들어갔죠. 걸어가는 내내 심장이 두근거렸어요. 기대감과 함께, 혹시나 가게가 사라졌을까 봐, 혹은 너무 많이 변해버렸을까 봐 하는 불안감도 있었답니다.

마침내 익숙한 골목 어귀에 다다랐을 때, 나는 숨을 멈췄어요. 저 멀리, 희미하지만 분명하게 보이는 그 모습. 낡은 나무 간판과 빛바랜 유리창, 그리고 가게 앞에 있는 오래된 나무 의자까지. 할아버지의 낡은 가게는 시간이 멈춘 듯 변함없이 그 자리를 지키고 있었답니다. 마치 내가 다시 찾아올 것을 알고 기다리고 있었던 것처럼요. 가게의 모습을 보는 순간, 나의 눈시울이 뜨거워졌어요. 그동안 겪었던 모든 고통과 불안이 눈 녹듯 사라지는 것 같았죠.

조심스럽게 가게 문을 열고 안으로 들어섰어요. 삐걱거리는 나무 바닥 소리가 귀에 익숙하게 들려왔죠. 코끝을 스치는 기름 냄새와 나무 냄새, 그리고 오래된 종이 냄새가 뒤섞인 그 독특한 향기. 벽 한가득 걸려 있는 알 수 없는 도구들과 선반 위에 빼곡히 쌓여 있는 오래된 물건들. 창문으로 쏟아져 들어오는 따뜻한 햇살까지. 모든 것이 어릴 적 기억 그대로였어요. 시간은 이 가게를 비껴간 듯했죠. 도시의 빠르고 차가운 세상과는 완전히 다른, 느리고 따뜻한 세상이 이곳에 존재하고 있었답니다.

가게 안쪽 작은 방으로 들어서자, 할아버지가 앉아 계시던 낡은 의자와 작업대가 보였어요. 그곳에 앉아 있으면 마치 할아버지가 곁에 계신 것 같은 기분이 들었죠. 나는 조용히 가게 안을 둘러보았어요. 할아버지의 손때가 묻은 물건들, 할아버지가 읽으시던 오래된 책들, 할아버지가 손수 만드신 나무 조각들까지. 그 모든 것들이 나에게 말을 거는 것 같았어요. '괜찮다', '여전히 네 자리다', '너는 혼자가 아니다'라고 말이죠.

낡은 가게에 앉아 있는 동안, 나는 깊은 평온과 안정감을 느꼈어요. 목소리의 속삭임도 이곳에서는 힘을 잃는 것 같았죠. 목소리가 나에게 세상은 위험하고 사람들은 믿을 수 없다고 속삭일 때, 이 가게는 변함없이 그 자리를 지키며 나에게 안전함과 신뢰를 보여주었어요. 목소리가 나를 쓸모없고 가치 없는 존재라고 비난할 때, 이 가게는 나의 어린 시절의 소중한 기억들을 떠올리게 하며 내가 원래 어떤 사람이었는지를 상기시켜 주었죠.

낡은 가게는 나에게 과거의 따뜻한 기억을 상기시켜 주었고, 내가 원래 어떤 사람이었는지를 떠올리게 해주었어요. 목소리가 만들어 낸 왜곡된 자아상과 달리, 이 가게는 나에게 진정한 나의 모습을 비춰주는 거울 같았답니다. 이곳에서 나는 잠시나마 목소리의 영향에서 벗어나 온전히 나 자신으로 존재할 수 있었어요. 낡은 가게는 나에게 '아직 세상에는 변하지 않는 소중한 것이 존재한다'라는 것을 알려주었고, 나에게 다시 일어설 작은 용기를 주었답니다. 할아버지의 낡은 가게는 단순한 공간이 아니라, 나에게는 과거와의 연결고리이자, 현재의 고통 속에서 잠시 숨을 고를 수 있는 안식처였으며,

미래를 향해 나아갈 힘을 얻는 소중한 장소였어요. 그곳에서 나는 나 자신을 다시 찾기 위한 여정을 시작할 작은 실마리를 발견했답니다.

말없이 전하는 위로와 이해

오랜 시간 동안 목소리의 속삭임에 시달리면서, 나는 세상과의 연결이 끊어지고 나 자신조차 잃어버린 기분이었어요. 극심한 불안과 공포, 그리고 아무도 나를 이해하지 못할 거라는 외로움이 나를 짓눌렀죠. 서연 선생님과의 상담을 통해 도움을 받고 있었지만, 마음속 깊은 곳에는 여전히 설명할 수 없는 아픔과 혼란이 남아 있었답니다. 그때, 어린 시절의 따뜻한 기억을 따라 할아버지의 낡은 가게를 다시 찾아갔어요. 변함없이 그 자리를 지키고 있는 가게의 모습만으로도 큰 위안을 얻었지만, 진짜 위로는 그곳에서 만난 할아버지로부터 시작되었죠.

가게 안으로 들어섰을 때, 할아버지는 작업대 앞에 앉아 무언가를 만들고 계셨어요. 삐걱거리는 문 소리에 할아버지가 고개를 드셨죠. 오랜만에 보는 나의 모습에 할아버지의 눈이

살짝 커졌지만, 이내 따뜻한 미소를 지으셨어요. 할아버지는 내가 얼마나 힘든 시간을 보냈는지, 왜 이렇게 갑자기 찾아왔는지 아무것도 묻지 않으셨답니다. 그저 조용히 나를 바라보시며, 눈빛으로 '왔구나', '괜찮다'라고 말씀하시는 것 같았어요. 그 순간, 나의 마음속에서 무언가 왈칵 치밀어 올랐어요. 그동안 아무에게도 제대로 설명할 수 없었던 나의 고통과 혼란을, 할아버지는 말없이도 알아차리시는 것 같았기 때문이죠.

할아버지는 하던 일을 멈추고 자리에서 일어나셨어요. 그러고는 가게 안쪽 작은 방으로 나를 데리고 가셨죠. 그곳은 할아버지와 내가 어릴 때 함께 시간을 보내던 아늑한 공간이었어요. 할아버지는 나에게 편안한 의자에 앉으라고 권하시며, 따뜻한 차를 한 잔 내어주셨답니다. 차가 담긴 낡은 찻잔을 두 손으로 감싸 쥐자, 온기가 손끝에서부터 온몸으로 퍼져나가는 것을 느꼈어요. 할아버지는 내 옆에 조용히 앉으셔서, 아무 말 없이 차를 마시는 나를 지켜보셨죠.

그 침묵 속에서 나는 큰 위로를 받았어요. 목소리는 끊임없이 나에게 말을 걸고, 나를 비난하고, 나에게 무언가를 강요했지만, 할아버지의 곁에서는 고요함만이 존재했죠. 그 고요함은 목소리의 시끄러운 속삭임과는 완전히 다른, 깊은 평화와 안정을 가져다주었어요. 나는 굳이 나의 힘든 상황을 설명하려 애쓰지 않아도 되었어요. 내가 겪고 있는 일들이 얼마나 비현실적이고 무서운지, 다른 사람들에게 이야기하는 것이 얼마나 두려운지 잘 알고 있었기에, 말로 설명해야 한다는 부담감 자체가 나에게는 큰 짐이었답니다. 하지만 할아버지 앞에서는 그럴 필요가 없었어요. 할아버지는 나의 눈빛, 나의 표정, 나의 떨리는 손끝만으로도 나의 마음을 읽어내시는 것 같았죠.

할아버지의 눈빛 속에는 깊은 이해와 따뜻함이 담겨 있었어요. 나를 비난하거나 판단하는 기색은 전혀 없었죠. 그저 '네가 얼마나 힘들었을까', '괜찮다, 괜찮아' 하고 말하는 것 같았어요. 할아버지는 나의 아픔을 모두 알고 계신 것처럼 보였고, 나를 있는 그대로 받아들여 주셨답니다. 나의 망가진 모습, 불안정한 상태, 그리고 목소리 때문에 혼란스러워하는 나 자신까지도 모두 포용해주시는 것 같았죠. 비난이나 판단 없이 그저 따뜻하게 나를 바라봐 주는 할아버지의 눈빛 속에서 나는 큰 위안을 얻었어요. 그동안 목소리가 나에게 '너는 이상해', '아무도 너를 이해하지 못할 거야'라고 속삭였던 모든 거짓말들이 할아버지의 따뜻한 시선 앞에서 힘을 잃는 것 같았죠.

할아버지는 내가 편안함을 느낄 수 있도록 배려해주셨어요. 내가 말없이 앉아 있어도 재촉하지 않으셨고, 내가 먼저 이야기를 꺼낼 때까지 묵묵히 기다려주셨죠. 때로는 조용히 일어나 작업대로 가셔서 하던 일을 마저 하시기도 했지만, 그것은 나를 방치하는 것이 아니라, 나에게 혼자 있을 수 있는 공간과 시간을 내어주는 배려였답니다. 할아버지가 삐걱거리는 의자에 앉아 나무를 다듬는 소리, 망치질 소리, 그리고 가게 밖에서 들려오는 희미한 생활 소음들은 목소리의 속삭임과는 다른, 현실 세계의 소리들이었어요. 그 소리들은 나를 어둠 속에서 현실로 이끌어내는 작은 끈이 되어주었답니다. 할아버지의 말없는 존재 자체가 나에게 깊은 위로와 이해를 전해주었어요. 때로는 어떤 화려한 말이나 복잡한 조언보다, 그저 곁에 있어주는 따뜻한 존재 자체가 더 큰 힘이 된다는 것을 깨달았죠. 할아버지의 가게는 나에게 '괜찮다'고 말해주는 공간이었고, 할아버지의 존재는 나에게 '너는 혼자가 아니다'라고 말해주는 것 같았답니다. 그곳에서 나는 나 자신을 비난하는 대신 이해하게 되었고, 나의 아픔을 숨기는 대신 드러내고 치유할 용기를 얻었어요. 할아버지의 말없는 위로와 이해는 나의 마음속 깊은 상처를 어루만져 주었고, 나에게 다시 일어설 힘을 불어넣어 주었답니다. 그분의 따뜻한 눈빛과 조용한 존재감은 나에게 '아직 세상에는 변하지 않는 사랑과 이해가 존재한다'는 것을 알려주었고, 나에게 새로운 희망의 문을 열어주었어요. 할아버지의 가게에서 보낸 시간들은 나에게 평온과 함께 중요한 깨달음을 안겨주었고, 목소리의 영향력에서 벗어나 나 자신을 찾아가는 여정을 시작할 용기를 주었답니다.

내면의 힘에 대한 비유적 조언

할아버지의 낡은 가게에서 보낸 시간은 나에게 큰 위안과 평온을 가져다주었어요. 할아버지의 말없는 위로와 이해 속에서 나는 잠시나마 목소리의 속삭임에서 벗어나 숨을 고를 수 있었죠. 하지만 마음속 깊은 곳에는 여전히 불안감과 함께, 이 상황을 어떻게 헤쳐나가야 할지에 대한 막막함이 남아 있었답니다. 목소리는 여전히 나를 약하고 쓸모없는 존재라고 속삭였고, 나는 나 자신 안에 그런 목소리에 맞설 힘이 있는지 확신할 수 없었어요.

어느 날, 할아버지는 가게 안쪽 작은 방에서 오래된 나무 조각 하나를 꺼내 보여주셨어요. 투박하지만 아름다운 무늬가 새겨진 조각이었죠. 할아버지는 그 조각을 손에 들고 조용히 말씀하셨어요. "이 나무도 처음에는 아주 약하고 부드러웠단다. 바람에도 쉽게 흔들리고, 작은 충격에도 상처를 입었지. 하지만 시간이 지나면서, 비바람을 맞고 햇볕을 쬐고, 때로는 거친 도구에 깎이기도 하면서 이렇게 단단해지고 아름다운 무늬를 가지게 되었단다." 할아버지는 조각의 표면을 부드럽게 쓰다듬으시며 덧붙이셨어요. "사람의 마음도 마찬가지야. 어려움을 겪으면서 상처 입고 흔들리기도 하지만, 그 시간들을 견뎌내면 이렇게 단단해지고 깊어지는 거지. 네가 겪는 어려움들도 너를 더 단단하고 아름다운 사람으로 만들어 줄 거란다."

할아버지의 말씀은 나의 마음에 깊은 울림을 주었어요. 목소리는 나에게 어려움은 곧 실패이고, 고통은 나약함의 증거라고 속삭였지만, 할아버지는 어려움과 고통이 오히려 나를 더 단단하게 만들 수 있다고 말씀하신 거죠. 마치 나무가 비바람을 견디며 나이테를 새기듯, 나의 아픔과 시련들도 나라는 존재의 깊이를 더해주는 과정일 수 있다는 것을 깨달았답니다. 할아버지의 비유는 나에게 새로운 관점을 제시해주었고, 내가 겪는 고통을 단순히 부정적인 것으로만 여기지 않게 해주었어요.

또 다른 날에는 가게 앞마당의 오래된 나무를 가리키며 말씀하셨어요. 그 나무는 겉보기에는 그리 크거나 화려하지 않았지만, 수십 년 동안 그 자리를 묵묵히 지켜온 든든한 나무였죠. 할아버지는 말씀하셨어요. "저 나무를 보렴. 겉으로는 약해 보여도 뿌리가 땅속 깊이 박혀 있어서 어떤 비바람에도 쉽게 흔들리지 않는단다. 태풍이 불고 폭풍우가 쏟아져도, 잎

사귀는 떨어질지언정 뿌리는 뽑히지 않지. 사람도 내면의 뿌리가 깊으면 외부의 어떤 어려움에도 무너지지 않는 법이야. 네 안에도 그런 뿌리가 있단다. 아직 네가 느끼지 못할 뿐이지."

할아버지의 말씀은 나에게 내면의 힘에 대한 중요한 깨달음을 주었어요. 목소리는 나에게 외부의 힘에 의존하라고 속삭였지만, 할아버지는 내 안에도 이미 강력한 힘이 존재한다고 말씀하신 거죠. 마치 나무의 뿌리가 눈에 보이지 않지만 나무 전체를 지탱하듯, 나의 내면에도 보이지 않는 강력한 힘이 존재하며 나를 지탱해주고 있다는 것을 깨달았답니다. 그 힘은 목소리처럼 시끄럽거나 강압적이지 않았지만, 조용하고 꾸준하게 나를 지탱해주고 있다는 것을 느꼈어요. 할아버지의 비유는 나에게 나 자신을 믿고 내 안의 힘에 귀 기울여야 한다는 것을 알려주었어요.

할아버지는 가게 안에 있는 오래된 물건들에 얽힌 이야기들을 통해서도 삶의 지혜를 전해주셨어요. 낡고 녹슨 도구들이지만, 할아버지의 손을 거치면 다시 쓸모 있는 물건으로 재탄생하는 과정을 보여주시며 "세상에 쓸모없는 것은 없단다. 낡고 망가진 것처럼 보여도, 어떻게 다루느냐에 따라 다시 빛을 발할 수 있지. 사람도 마찬가지야. 스스로를 쓸모없다고 여기지 마렴. 너 안에는 무한한 가능성이 숨겨져 있단다."라고 말씀하셨어요.

할아버지의 비유적인 조언들은 나의 마음에 깊은 울림을

주었고, 목소리가 나에게 심어놓은 부정적인 생각들을 조금씩 흔들었어요. 목소리가 나를 약하고 쓸모없는 존재라고 속삭일 때, 할아버지의 말씀은 내 안에도 단단한 뿌리와 강해질 수 있는 잠재력, 그리고 무한한 가능성이 있다는 것을 일깨워 주었답니다. 할아버지의 지혜는 나에게 나아갈 방향을 제시해주는 등대 같았어요. 목소리의 속삭임에만 귀 기울일 것이 아니라, 내 안의 목소리, 나의 진짜 생각과 감정에 귀 기울여야 한다는 것을 깨달았죠. 할아버지의 가게에서 보낸 시간들은 나에게 평온과 함께 중요한 깨달음을 안겨주었고, 목소리의 영향력에서 벗어나 나 자신을 찾아가는 여정을 시작할 용기를 주었답니다. 할아버지의 비유적인 조언들은 나에게 내면의 힘을 믿고 나아가라는 따뜻한 격려였어요.

깨달음을 향한 작은 실마리

　할아버지의 낡은 가게에서 보낸 시간은 나에게 단순한 휴식 이상의 의미를 주었어요. 그곳은 목소리의 시끄러운 속삭임과 공포스러운 환상으로부터 벗어나, 잠시나마 평온을 느낄 수 있는 유일한 공간이었죠. 삐걱거리는 나무 바닥 소리, 오래된 물건들의 냄새, 창문으로 들어오는 따뜻한 햇살, 그리고 무엇보다 할아버지의 말없는 따뜻한 존재감. 이 모든 것들이 나를 감싸 안아주는 것 같았어요. 목소리는 나에게 세상은 위험하고 믿을 수 없다고 속삭였지만, 변함없이 그 자리를 지키고 있는 할아버지의 가게는 나에게 안정감과 신뢰를 보여주었답니다. 목소리가 나를 고립시키려 할 때, 할아버지의 곁은 나에게 '아직 세상에는 안전한 곳이 존재한다'는 것을 알려주었어요.

　할아버지가 들려주신 비유적인 이야기들은 나의 마음에 깊은 울림을 주었어요. 오래된 나무 조각처럼 어려움을 겪으면서 더 단단해지고 아름다워진다는 이야기, 땅속 깊은 뿌리처럼 내면의 힘이 있으면 어떤 비바람에도 흔들리지 않는다는 이야기, 낡고 녹슨 도구도 다시 쓸모 있게 될 수 있다는 이야기까지. 목소리는 나에게 끊임없이 부정적이고 절망적인 메시지를 주입했지만, 할아버지의 말씀은 그와는 완전히 다른 희망과 가능성에 대해 이야기했죠. 목소리가 나를 약하고 쓸모없는 존재라고 속삭일 때, 할아버지의 말씀은 내 안에도 단단한 힘과 무한한 가능성이 숨겨져 있다고 말해주었어요.

할아버지의 가게에서 조용히 앉아 차를 마시거나, 할아버지가 작업하시는 모습을 지켜보거나, 가게 안을 천천히 둘러보는 동안, 나는 할아버지의 말씀들을 곱씹었어요. '내 안에도 뿌리가 있을까?', '나도 어려움을 겪으면서 더 단단해질 수 있을까?', '나도 다시 쓸모 있는 존재가 될 수 있을까?' 목소리는 이런 생각들을 비웃으며 '헛된 희망일 뿐이야'라고 속삭였지만, 할아버지의 말씀은 목소리의 속삭임보다 더 진실되고 깊게 나의 마음에 와닿았답니다.

특히 '내면의 뿌리'에 대한 이야기가 나에게 큰 깨달음을 주었어요. 목소리는 나에게 외부의 힘에 의존하라고, 목소리만이 나를 지켜줄 수 있다고 속삭였지만, 할아버지는 내 안에도 이미 강력한 힘이 존재한다고 말씀하신 거죠. 마치 나무의 뿌리가 눈에 보이지 않지만 나무 전체를 지탱하듯, 나의 내면에도 보이지 않는 강력한 힘이 존재하며 나를 지탱해

주고 있다는 것을 깨달았답니다. 그 힘은 목소리처럼 시끄럽거나 강압적이지 않았지만, 조용하고 꾸준하게 나를 지탱해주고 있다는 것을 느꼈어요.

이것이 바로 나에게 필요한 '작은 실마리'였어요. 목소리의 속삭임에만 귀 기울일 것이 아니라, 내 안의 목소리, 나의 진짜 생각과 감정에 귀 기울여야 한다는 것을 깨달았죠. 목소리는 외부에서 들려오는 소리일 뿐, 나의 진짜 '나'는 내 안에 존재하며 나를 지탱해주고 있다는 것을 어렴풋이 알게 되었답니다. 목소리가 아무리 강하게 나를 흔들려 해도, 내 안에는 그것에 맞설 수 있는 더 강력한 힘, 즉 나의 내면의 뿌리가 있다는 것을 깨달았어요.

이 깨달음은 나에게 큰 희망을 주었어요. 그동안 나는 목소리에게 완전히 잠식당했다고 생각했고, 나 자신을 구원할 힘이 없다고 절망했죠. 하지만 할아버지의 말씀을 통해 내 안에도 목소리에 맞설 힘이 존재한다는 것을 알게 되자, 다시 일어설 용기가 생겼답니다. 목소리의 영향력에서 벗어나 나 자신을 찾아가는 여정을 시작할 수 있는 작은 실마리를 손에 쥔 것이었죠.

할아버지의 낡은 가게에서 보낸 시간들은 나에게 평온과 함께 중요한 깨달음을 안겨주었어요. 그곳은 단순한 공간이 아니라, 나에게는 과거와의 따뜻한 연결고리이자, 현재의 고통 속에서 잠시 숨을 고를 수 있는 안식처였으며, 미래를 향해 나아갈 힘을 얻는 소중한 장소였어요. 할아버지의 말없는 위로와 비유적인 조언들은 나에게 내면의 힘을 믿고 나아가라는 따뜻한 격려였고, 목소리라는 어둠을 이겨낼 수 있는 '작은 실마리'를 발견하게 해주었답니다. 이 실마리를 따라, 나는 이제 목소리의 속삭임에 맞서 내 안의 진짜 목소리를 찾아가는 여정을 시작할 준비가 되었어요. 나의 내면의 뿌리를 단단히 내리고, 어떤 비바람에도 흔들리지 않는 나만의 나무를 키워나갈 용기가 생겼답니다.

제10화   목소리에 대한 저항

조력자들의 영향력 증가

목소리의 속삭임은 여전히 내 안에서 들려왔지만, 서연 선생님과의 상담을 통해 목소리에 대처하는 방법들을 배우고, 정 할아버지의 낡은 가게에서 내면의 힘에 대한 작은 실마리를 발견하면서 나는 더 이상 예전처럼 목소리에 무기력하게 끌려다니지 않았어요. 목소리가 나를 비난하거나 조종하려 할 때, 나는 선생님께 배운 대로 '정말 그럴까?' 하고 스스로에게 질문하거나, 현실에 집중하는 연습을 했죠. 할아버지의 말씀처럼 내 안에도 단단한 뿌리가 있다는 것을 믿으려 노력했어요. 하지만 혼자서 목소리와 싸우는 것은 여전히 힘겨운 일이었답니다. 목소리는 내가 약해진 틈을 타 다시 나를 지배하려 들었고, 때로는 그 힘에 압도될 것 같은 두려움을 느끼기도 했어요.

그때, 나를 둘러싼 소중한 조력자들의 존재가 더욱 빛을 발하기 시작했어요. 친구 민준이, 서연 선생님, 그리고 정 할아버지. 이 세 명의 사람들은 각기 다른 방식으로 나에게 다가왔고, 그들의 도움은 마치 삼각대처럼 나를 단단하게 지탱해주었죠. 목소리가 나를 세상으로부터 고립시키려 할 때, 이들은 끈질기게 나에게 다가와 세상과의 연결고리를 놓지 않게 해주었어요. 그리고 그들의 존재와 영향력은 시간이 지날수록 점점 더 커졌답니다.

먼저 친구 민준이의 존재는 나에게 현실 세계와의 가장 강력한 연결고리였어요. 목소리는 민준이를 믿지 말라고, 그의 친절함은 가식이라고 끊임없이 속삭였지만, 민준이의 변함없는 우정과 진심 어린 행동들은 목소리의 거짓말과 달랐기에 나는 혼란스러웠죠. 내가 그를 밀어내고 차갑게 대할 때도, 민준이는 포기하지 않고 끈질기게 나에게 다가왔어요. 그의 메시지, 그의 전화, 그의 일상적인 배달 일 이야기들은 목소리가 만들어낸 왜곡된 세상에서 나를 끌어내주는 닻 같았답니다. 나는 점점 더 민준이의 이야기에 귀 기울이게 되었고, 그의 목소리를 통해 들려오는 현실의 소리들이 목소리의 속삭임보다 더 중요하게 느껴지기 시작했어요. 민준이의 존재는 나에게 '아직 세상은 살 만하다', '나를 진심으로 아끼는 사람이 있다'는 것을 끊임없이 상기시켜주었고, 이는 목소리의 고립 전략을 무력화시키는 데 큰 역할을 했답니다. 민준이의 영향력은 나의 외로움을 덜어주고, 세상에 대한 긍정적인 시각을 조금씩 되찾게 해주었어요.

다음으로 서연 선생님의 전문적인 도움은 나에게 목소리에 맞설 수 있는 구체적인 무기들을 손에 쥐여주었어요. 선생님과의 상담을 통해 나는 목소리의 실체를 파악하고, 그것이 나의 일부가 아닌 외부의 소리라는 것을 인지하는 법을 배웠죠. 목소리의 말에 대해 '정말 그럴까?' 하고 비판적으로 질문하는 연습, 불안감이 밀려올 때 스스로를 진정시키는 방법들, 그리고 가장 중요하게는 나 자신을 사랑하고 돌보는 법까지. 선생님은 나에게 목소리에 휘둘리지 않고 나의 삶의 주인이 될 수 있는 방법들을 체계적으로 가르쳐주셨어요. 처음에는 이러한 방법들이 어색하고 어렵게 느껴졌지만, 꾸준히 연습하면서 점점 더 능숙하게 사용할 수 있게 되었답니다. 목소리가 나를 공격할 때, 나는 선생님께 배운 대로 나 자신을 보호하고 목소리의 힘을 약화시키는 방법들을 사용했어요. 선생님의 가르침은 나에게 자신감을 불어넣어 주었고, 목소리에 대한 나의 통제력이 점점 커지는 것을 느낄 수 있게 해주었답니다. 서연 선생님의 영향력은 나의 내면을 단단하게 만들고, 목소리에 대한 두려움을 극복하는 데 결정적인 역할을 했어요.

마지막으로 정 할아버지의 따뜻한 지혜와 낡은 가게의 평온함은 나에게 내면의 힘에 대한 확신을 심어주었어요. 목소리는 나를 약하고 쓸모없는 존재라고 속삭였지만, 할아버지는 비유적인 이야기들을 통해 내 안에도 단단한 뿌리와 무한한 가능성이 숨겨져 있다고 말씀하셨죠. 할아버지의 가게에서 보낸 시간은 목소리의 시끄러운 속삭임에서 벗어나 나 자신에게 집중할 수 있는 안식처가 되어주었어요. 그곳의 평화로운 분위기와 할아버지의 말없는 따뜻함은 나의 마음을 차분하게 가라앉혔고, 내 안의 조용하지만 진실된 목소리에 귀기울일 수 있도록 도와주었답니다. 할아버지의 지혜는 나에게 '진정한 힘은 외부가 아닌 내 안에 있다'는 것을 깨닫게 해주었고, 이는 목소리에 대한 의존도를 낮추는 데 큰 영향을 미쳤어요. 정 할아버지의 영향력은 나의 내면을 깊어지게 하고, 나 자신을 믿는 힘을 길러주었답니다.

　　민준이의 현실적인 연결, 서연 선생님의 전문적인 가르침, 그리고 정 할아버지의 깊은 지혜. 이 세 명의 조력자들은 각기 다른 방식으로 나를 도왔지만, 그들의 도움은 서로 보완적이었고 시너지 효과를 냈어요. 민준이는 나를 세상과 연결해주었고, 서연 선생님은 목소리에 맞서는 방법을 알려주었으며, 할아버지는 내 안의 힘을 믿게 해주었죠. 이들의 존재는 목소리가 나를 고립시키고 약화시키려는 시도에 맞서는 강력한 방패가 되어주었어요. 나는 더 이상 목소리에게만 의존하지 않았고, 나를 진심으로 아끼고 도와주는 사람들의 손을 잡기 시작했답니다.

조력자들의 영향력이 커질수록, 목소리의 힘은 상대적으로 약해지는 것을 느낄 수 있었어요. 목소리가 나를 비난할 때, 나는 민준이의 따뜻한 말이나 서연 선생님의 격려를 떠올렸고, 목소리의 거짓말에 흔들릴 때, 나는 할아버지의 지혜로운 비유를 생각했죠. 목소리가 나를 고립시키려 할 때, 나는 민준이에게 연락하거나 서연 선생님과의 상담 시간을 기다렸답니다. 나는 더 이상 혼자서 목소리와 싸우는 것이 아니었어요. 나에게는 나를 지지하고 도와주는 든든한 조력자들이 있었고, 그들의 존재 자체가 목소리의 힘을 약화시키는 가장 강력한 무기였답니다. 조력자들의 영향력 증가는 나에게 큰 희망과 용기를 주었고, 내가 어둠 속에서 벗어나 빛을 향해 나아갈 수 있다는 확신을 심어주었어요.

목소리의 힘 약화 감지

　서연 선생님과의 상담을 통해 목소리에 대처하는 구체적인 방법들을 배우고, 정 할아버지의 지혜로운 말씀 속에서 내 안의 힘에 대한 작은 실마리를 발견하면서, 그리고 친구 민준이의 변함없는 우정이라는 든든한 지지대 덕분에, 나는 더 이상 목소리의 속삭임에 무기력하게 끌려다니지 않게 되었어요. 목소리가 나를 비난하거나 조종하려 할 때, 나는 선생님께 배운 대로 '정말 그럴까?' 하고 스스로에게 질문하거나, 현실에 집중하는 연습을 했죠. 할아버지의 말씀처럼 내 안에도 단단한 뿌리가 있다는 것을 믿으려 노력했어요. 이러한 노력들은 조금씩 결실을 맺기 시작했답니다.

　처음에는 아주 미묘한 변화였어요. 목소리가 나에게 부정적인 말을 속삭일 때, 예전처럼 심장이 철렁 내려앉거나 온몸이 얼어붙는 듯한 공포를 느끼는 대신, 아주 잠깐의 망설임이나 불편함만을 느끼는 순간들이 생겨났죠. 목소리의 목소리가 예전만큼 크고 강하게 들리지 않는 것 같기도 했어요. 마치 멀리서 들려오는 소리처럼 희미하게 느껴질 때도 있었답니다. 처음에는 내가 잘못 느낀 것일 거라고 생각했어요. 목소리의 힘은 너무나 강력했기에, 그 힘이 약해진다는 것은 상상조차 할 수 없었기 때문이죠.

하지만 이러한 미묘한 변화들은 점점 더 자주 일어났어요. 목소리가 나에게 주변 사람들을 믿지 말라고 속삭일 때, 나는 민준이의 따뜻한 눈빛이나 서연 선생님의 진심 어린 공감을 떠올리며 목소리의 말에 쉽게 동요되지 않았죠. 목소리가 나를 쓸모없고 가치 없는 존재라고 비난할 때, 나는 할아버지의 '너 안에는 무한한 가능성이 숨겨져 있단다'는 말씀을 떠올리며 목소리의 말을 부정할 힘을 얻었어요. 목소리가 만들어내는 공포스러운 환상에 압도될 것 같을 때도, 선생님께 배운 접지 기법을 사용하며 현실 세계로 돌아오는 연습을 했답니다.

이러한 노력들이 쌓이면서, 나는 분명하게 느낄 수 있었어요. 목소리의 힘이 약해지고 있다는 것을요. 목소리가 나에게 명령을 내릴 때, 예전처럼 무조건 따르는 대신 잠시 멈춰서 생각할 여유가 생겼죠. 목소리의 말이 진실인지 아닌지 스스로 판단하는 힘이 생기면서, 목소리의 거짓말에 더 이상 쉽게 속지 않게 되었답니다. 목소리가 아무리 그럴듯하게 속삭여도, 나의 이성과 경험, 그리고 조력자들의 말들을 바탕으로 그것이 진실인지 아닌지 구분할 수 있게 되었어요.

목소리의 힘이 약해지면서, 나는 나의 생각과 감정을 조금씩 되찾아가는 것을 느꼈답니다. 목소리가 나를 지배했던 강력한 힘을 잃고, 그저 귀찮은 잔소리처럼 느껴질 때도 있었어요. 목소리가 나에게 부정적인 감정을 주입하려 해도, 나는 그 감정에 휩쓸리는 대신 그것을 객관적으로 관찰할 수 있게 되었죠. '아, 목소리가 나를 불안하게 만들려고 하는구나', '이것은 나의 감정이 아니라 목소리가 주입하는 감정이구나' 하고 인지하는 것만으로도 목소리의 영향력에서 벗어날 수 있었답니다.

목소리의 힘 약화는 나에게 큰 희망을 주었어요. 그동안 나는 목소리라는 거대한 존재 앞에서 한없이 나약하다고 느꼈고, 이 싸움에서 결코 이길 수 없을 것이라고 절망했었죠. 하지만 목소리가 약해지고 있다는 것을 직접 느끼면서, 내가 이 싸움에서 이길 수 있다는 가능성을 보게 되었답니다. 나의 노력과 조력자들의 도움이 헛되지 않았다는 것을 확인하는 순간이었죠. 이 깨달음은 나에게 엄청난 용기와 자신감을 불어넣어 주었어요.

목소리의 힘이 약해지면서, 나는 더 이상 목소리의 꼭두각시가 아니라, 나의 삶의 주인이 되기 위한 길을 걷고 있다는 것을 확신하게 되었답니다. 목소리가 아무리 강하게 속삭여도, 나에게는 그것에 맞서고 나 자신을 지킬 수 있는 힘이 있다는 것을 알게 되었죠. 이러한 변화는 나에게 큰 희망을 주었고, 내가 어둠 속에서 벗어나 빛을 향해 나아갈 수 있다는 확신을 심어주었어요. 목소리의 힘 약화 감지는 나의 회복 여정에서 가장 중요한 전환점 중 하나였답니다. 그것은 내가 올바른 길을 가고 있다는 증거였고, 앞으로 나아갈 힘을 주는 원동력이 되었어요. 나는 더 이상 두려움에 떨기만 하는 존재가 아니었어요. 목소리에 맞서 싸우고, 그 힘을 약화시킬 수 있는 강한 존재가 되어가고 있었답니다. 이 깨달음은 나에게 자유를 향한 문을 열어주었어요.

'정말 그럴까?' 스스로에게 묻기

　목소리의 속삭임은 너무나 그럴듯했어요. 나의 가장 깊은 불안감과 두려움을 파고들었고, 나의 약점을 정확히 찔렀죠. 오랫동안 목소리의 말에 무조건적으로 휘둘려 왔기에, 목소리가 하는 말은 곧 진실이라고 믿어왔답니다. 목소리가 나를 비난하면 나는 나 자신을 미워했고, 목소리가 세상을 부정적으로 묘사하면 나는 절망에 빠졌어요. 목소리의 말은 나의 생각과 감정, 그리고 현실 인식을 완전히 지배했죠. 목소리의 거짓말 속에서 나는 점점 더 깊은 어둠 속으로 가라앉고 있었답니다.

　서연 선생님과의 상담을 통해 목소리에 대처하는 방법들을 배우면서, 나는 목소리의 실체가 나의 일부가 아닌 외부의 소리라는 것을 인지하기 시작했어요. 하지만 목소리의 말에 대한 나의 무조건적인 믿음은 쉽게 깨지지 않았죠. 목소리는 너무나 설득력이 있었고, 나의 마음은 여전히 약했기 때문이에요. 그때 서연 선생님은 나에게 아주 간단하지만 강력한 질문 하나를 가르쳐주셨어요. 바로 '정말 그럴까?'라는 질문이었죠.

선생님은 말씀하셨어요. "목소리가 당신에게 어떤 말을 하든, 그 말을 곧이곧대로 믿지 마세요. 잠시 멈춰서 그 말이 진실인지 아닌지 스스로에게 물어보세요. '정말 그럴까?' 하고요. 그리고 그 말에 대한 증거가 있는지, 다른 가능성은 없는지 생각해보세요." 처음에는 이 질문이 너무나 단순하게 느껴졌어요. 목소리의 강력한 속삭임 앞에서 '정말 그럴까?'라고 묻는 것이 무슨 소용이 있을까 싶었죠. 하지만 선생님은 꾸준히 이 연습을 하도록 격려해 주셨답니다.

목소리가 나에게 "넌 실패자야. 뭘 해도 제대로 하는 게 없어."라고 속삭일 때, 나는 선생님께 배운 대로 속으로 '정말 그럴까?' 하고 물었어요. 그리고 생각해 보았죠. '내가 정말 뭘 해도 제대로 하는 게 없을까? 아니, 나는 작은 성공들도 경험했어. 학교에서 좋은 성적을 받은 적도 있고, 친구를 도운 적도 있어. 목소리가 말하는 것처럼 완전히 실패자는 아니야.' 이렇게 목소리의 주장에 대해 반박할 근거들을 찾아내면서, 목소리의 말이 진실이 아니라는 것을 깨닫게 되었답니다.

목소리가 나에게 "아무도 너를 좋아하지 않아. 넌 혼자야."라고 말할 때도, 나는 '정말 그럴까?' 하고 물었어요. 그리고 민준이의 변함없는 우정, 서연 선생님의 따뜻한 공감, 정 할아버지의 말없는 지지를 떠올렸죠. '아니야, 나를 좋아해 주고 아껴주는 사람들이 있어. 나는 혼자가 아니야.' 이렇게 목소리의 거짓말에 대한 반증을 찾으면서, 목소리의 힘이 약해지는 것을 느낄 수 있었답니다.

목소리가 만들어 내는 공포스러운 환상에 압도될 것 같을 때도, 나는 '정말 그럴까?' 하고 물었어요. '지금 내가 보고 듣는 것이 정말 현실일까? 아니, 이것은 목소리가 만들어낸 환상일지도 몰라. 현실은 지금 내가 발을 딛고 있는 이 땅이야.' 이렇게 현실과 환상을 구분하려는 노력을 하면서, 목소리의 영향력에서 벗어날 수 있었답니다.

'정말 그럴까?'라는 질문은 나에게 스스로 생각하는 힘을 길러주었어요. 목소리의 말에 무조건 휘둘리는 대신, 그 말을 객관적으로 바라보고 비판적으로 검토하는 능력이 생긴 거죠. 목소리가 아무리 그럴듯하게 속삭여도, 나의 이성과 경험, 그리고 조력자들의 말들을 바탕으로 그것이 진실인지 아닌지 판단할 수 있게 되었어요. 이 질문은 목소리의 거짓말을 간파하고, 목소리의 힘을 무력화시키는 강력한 무기가 되어주었답니다.

'정말 그럴까?'라는 질문을 통해 나는 목소리로부터 독립해 나갔어요. 목소리의 말에 대한 나의 무조건적인 믿음이 깨지면서, 목소리의 영향력은 점점 약해졌죠. 나는 더 이상 목소리의 꼭두각시가 아니라, 나의 생각과 판단을 가진 독립적인 존재가 되어가고 있었답니다. 이 질문은 나에게 자신감을 불어넣어 주었고, 내가 스스로 나의 삶을 통제할 수 있다는 것을 깨닫게 해주었어요.

'정말 그럴까?'라는 질문은 나에게 자유를 향한 문을 열어주었어요. 목소리의 거짓말 속에서 벗어나 진실을 마주할 용기를 주었고, 나 자신을 믿고 나의 판단을 따를 힘을 주었답니다. 이 간단하지만 강력한 질문은 나의 회복 여정에서 가장 중요한 도구 중 하나였어요. 그것은 내가 어둠 속에서 벗어나 빛을 향해 나아갈 수 있다는 확신을 심어주었고, 나 자신을 되찾는 여정의 나침반이 되어주었답니다. 나는 이제 목소리의 속삭임에 무조건 귀 기울이는 대신, '정말 그럴까?'라고 스스로에게 물으며 나의 길을 걸어갈 수 있게 되었어요.

내 안의 다른 소리 찾기

　서연샘님께 배운 대처 방법들을 꾸준히 실천하고, 친구 민준이와 정 할아버지의 변함없는 지지 덕분에, 나를 괴롭히던 목소리의 힘은 점점 약해지고 있었어요. 목소리가 나에게 부정적인 말이나 공포스러운 환상을 속삭여도, 나는 더 이상 예전처럼 쉽게 흔들리거나 압도되지 않았죠. '정말 그럴까?' 하고 스스로에게 질문하며 목소리의 거짓말을 간파했고, 현실에 집중하며 목소리가 만들어 낸 환상에서 벗어나려 애썼답니다. 목소리의 목소리가 예전만큼 크고 강하게 들리지 않았고, 때로는 멀리서 들려오는 희미한 소리처럼 느껴지기도 했어요.

　목소리의 시끄러운 속삭임이 약해지면서, 나의 마음속에는 전에 없던 고요함이 찾아왔어요. 그동안 목소리가 차지하고 있던 공간이 비워지면서, 나는 낯선 평화로움을 느꼈죠. 그리고 그 고요함 속에서, 아주 작고 희미한 다른 소리가 들리기 시작했어요. 처음에는 너무 작아서 거의 들리지 않았지만, 목소리의 방해가 줄어들수록 그 소리는 조금씩 더 선명해졌답니다. 그것은 목소리처럼 강압적이거나 시끄럽지 않았어요. 오히려 아주 부드럽고 조용했죠. 마치 내 마음속 깊은 곳에서 울려 퍼지는 작은 속삭임 같았어요.

나는 조심스럽게 그 소리에 귀 기울이기 시작했어요. 목소리는 나에게 끊임없이 비난하고 깎아내렸지만, 이 새로운 소리는 나에게 따뜻하고 지지적인 말들을 건넸답니다. "괜찮아, 힘들었지? 이제 좀 쉬어도 돼.", "넌 충분히 잘하고 있어. 네 노력을 알아.", "네 마음이 시키는 대로 해봐. 네가 원하는 것을 해도 괜찮아.", "넌 소중한 사람이야. 너는 사랑받을 자격이 있어." 같은 말들이었죠. 이 소리는 목소리가 나에게 속삭였던 모든 부정적인 말들과 정반대되는 이야기들을 해주었어요.

처음에는 이 소리가 무엇인지 혼란스러웠어요. 또 다른 목소리일까? 아니면 내가 만들어 낸 환상일까? 두렵기도 했죠. 하지만 이 소리를 들을 때마다 마음이 편안해지고 따뜻해지는 것을 느꼈어요. 목소리를 들을 때마다 불안하고 두려웠던 것과는 완전히 달랐죠. 이 소리는 나를 비난하거나 조종하려 하지 않았어요. 그저 나를 이해하고, 나의 감정을 인정해주고, 나에게 용기를 주었답니다. 나는 점점 더 이 소리에 귀 기울이고 싶어졌어요.

서연 선생님께 이 새로운 소리에 관해 이야기했을 때, 선생님은 환한 미소를 지으시며 말씀하셨어요. "그것이 바로 당신의 진짜 목소리예요. 목소리가 당신을 지배하는 동안 억눌려 있었던 당신 내면의 소리죠. 당신의 진짜 생각, 당신의 진짜 감정, 당신이 정말로 원하는 것이 무엇인지 알려주는 소리예요. 이제 그 소리에 귀 기울이고 믿어주세요." 선생님의 말씀을 듣는 순간, 나는 큰 깨달음을 얻었어요. 아, 이것이 바로 나였구나. 목소리에 가려져 있었을 뿐, 내 안에는 나를 지지하고 사랑하는 진짜 나의 목소리가 존재하고 있었구나.

　나는 의식적으로 내 안의 진짜 목소리에 귀 기울이는 연습을 시작했어요. 목소리가 들려올 때, 그것을 인지하고 '정말 그럴까?'라고 질문한 후, 조용히 내 안의 소리에 귀 기울였죠. 내 안의 소리는 목소리처럼 시끄럽게 주장하지 않았기에, 집중해서 듣지 않으면 쉽게 놓칠 수 있었어요. 하지만 귀 기울이면 귀 기울일수록 그 소리는 점점 더 선명해졌답니다. 내 안의 진짜 목소리는 나에게 내가 무엇을 좋아하고 싫어하는지, 무엇을 할 때 행복한지, 무엇을 두려워하는지 솔직하게 이야기해주었어요. 목소리가 나에게 '넌 아무것도 할 수 없어'라고 속삭일 때, 내 안의 소리는 '아니야, 너는 이것을 잘할 수 있어. 한번 해봐.'라고 용기를 주었죠. 목소리가 나에게 '아무도 너를 이해하지 못해'라고 말할 때, 내 안의 소리는 '괜찮아, 네 감정은 당연한 거야. 너는 너 자신을 이해하면

돼.'라고 위로해 주었어요.

내 안의 진짜 소리를 찾으면서, 나는 나 자신과 다시 연결되는 것을 느꼈답니다. 목소리가 나를 지배했던 시간 동안 잃어버렸던 나의 생각, 나의 감정, 나의 의지를 조금씩 되찾아가는 과정이었죠. 나는 더 이상 목소리의 꼭두각시가 아니었어요. 내 안의 진짜 목소리가 나를 이끌어 주는 진정한 나침반이 되어주었답니다. 이 소리는 나에게 나 자신을 믿고 나의 판단을 따를 용기를 주었어요.

내 안의 다른 소리를 찾는 것은 나에게 큰 해방감을 주었어요. 목소리의 거짓말 속에서 벗어나 진실된 나 자신을 마주할 수 있게 되었기 때문이죠. 이 소리는 나에게 '너는 너 자체로 충분하다', '너는 사랑받을 자격이 있다', '너는 강한 존재다'라고 끊임없이 이야기 해주었고, 그럴 때마다 나의 자존감은 회복되었답니다. 내 안의 진짜 목소리는 나를 지키고 나아가게 하는 가장 강력한 원동력이 되어주었어요. 목소리라는 어둠을 이겨내고 빛을 향해 나아갈 수 있는 힘은 바로 내 안에 숨겨져 있던 이 소리에서 나왔답니다. 나는 이제 목소리의 속삭임에 휘둘리는 대신, 내 안의 진짜 목소리에 귀 기울이며 나의 길을 걸어갈 수 있게 되었어요. 나 자신을 믿고 나아가는 새로운 시작이었죠.

제11화 단단함을 향한 발걸음

내면의 힘에 대한 확신

　나를 괴롭히던 목소리의 속삭임은 이제 더 이상 예전처럼 강력하지 않았어요. 서연 선생님께 배운 대처 방법들, '정말 그럴까?'라고 스스로에게 질문하는 연습, 현실에 집중하는 훈련, 그리고 무엇보다 내 안의 진짜 목소리에 귀 기울이는 노력을 통해 목소리의 힘은 점점 약해졌죠. 친구 민준이의 변함없는 우정은 나를 세상과 연결해 주었고, 정 할아버지의 지혜로운 말씀은 내 안의 가능성을 일깨워 주었어요. 이 모든 과정 속에서 나는 조금씩 어둠 속에서 벗어나 빛을 향해 나아가고 있었답니다.

하지만 목소리가 완전히 사라진 것은 아니었어요. 가끔씩 불쑥 튀어나와 나를 흔들려 했고, 과거의 두려움과 불안감이 다시 밀려올 때도 있었죠. 그럴 때마다 나는 여전히 나 자신이 약하고, 언제든 다시 목소리에게 지배당할 수 있다는 불안감을 느꼈어요. 목소리는 오랫동안 나에게 '넌 약해', '넌 혼자서는 아무것도 할 수 없어'라고 속삭였기에, 그 말이 나의 깊은 무의식 속에 뿌리내리고 있었던 거죠. 나는 나 자신 안에 목소리에 맞설 진정한 힘이 있는지 확신할 수 없었답니다.

그러던 어느 날, 문득 깨달음이 찾아왔어요. 내가 목소리의 속삭임에 무기력하게 끌려다니던 과거와 달리, 지금은 목소리의 말에 '정말 그럴까?'라고 질문하고 있다는 사실. 목소리가 만들어 낸 공포스러운 환상에 압도되는 대신, 현실에 발을 딛고 서려 애쓰고 있다는 사실. 목소리의 비난에 상처받고 무너지는 대신, 내 안의 진짜 목소리가 건네는 따뜻한 말에 귀 기울이고 있다는 사실. 그리고 이 모든 변화가 바로 나 스스로의 노력과 선택으로 이루어졌다는 사실을 깨달았죠.

나는 더 이상 목소리가 시키는 대로만 움직이는 꼭두각시가 아니었어요. 목소리가 나를 흔들려 할 때, 나는 의식적으로 그것에 저항하고 다른 선택을 하고 있었죠. 목소리의 거짓말을 믿는 대신 진실을 찾으려 했고, 목소리가 나를 고립시키려 할 때 세상과의 연결을 놓지 않으려 애썼답니다. 이러한 작은 노력들이 모여 지금의 나를 만들었다는 것을 깨달았을 때, 나는 엄청난 충격과 함께 깊은 감동을 느꼈어요.

정 할아버지가 말씀하셨던 '내면의 뿌리'가 바로 이것이었구나 하고 생각했죠. 눈에 보이지는 않지만, 나를 지탱해 주고 어떤 비바람에도 흔들리지 않게 해주는 강력한 힘. 그것은 외부의 어떤 존재나 상황에 의존하는 힘이 아니라, 나 자신 안에 이미 존재하고 있던 힘이었어요. 목소리가 아무리 강하게 나를 흔들려 해도, 내 안에는 그것에 맞서고 나 자신을 지킬 수 있는 더 강력한 힘이 존재한다는 것을 깨달았답니다. 그리고 그 힘은 바로 나 스스로의 의지, 용기, 그리고 나 자신을 사랑하는 마음에서 비롯된다는 것을 알게 되었죠.

나는 나의 회복 과정을 되돌아보았어요. 극심한 고통과 혼란 속에서도 포기하지 않고 버텨냈던 시간들, 두려움을 무릅쓰고 서연 선생님께 도움을 요청했던 용기, 매일매일 목소리에 맞서 싸우며 대처 방법들을 연습했던 꾸준함, 그리고 나 자신을 비난하는 대신 사랑하고 돌보려 노력했던 과정들. 이 모든 과정이 나 자신이 얼마나 강한 사람인지를 보여주는 증거였답니다. 나는 나약하고 쓸모없는 존재가 아니었어요. 목소리의 거짓말에 속아 나 자신을 그렇게 여겼을 뿐이었죠.

내 안의 힘에 대한 확신은 나에게 흔들리지 않는 자신감을 불어넣어 주었어요. 더 이상 목소리의 속삭임에 쉽게 휘둘리지 않을 것이라는 확신, 어떤 어려움이 닥쳐도 나 자신을 믿고 헤쳐나갈 수 있다는 확신, 그리고 나의 삶은 목소리가 아닌 나 스스로의 의지로 만들어갈 수 있다는 확신이었죠. 이 확신은 오만함이나 자만심과는 달랐어요. 그것은 나의 경험과 노력을 통해 얻은, 나의 내면 깊숙한 곳에서 우러나오는 조용하지만 단단한 믿음이었답니다.

나는 나 자신을 믿게 되었어요. 나의 생각과 감정을 믿고, 나의 판단을 믿고, 나의 능력을 믿게 되었죠. 목소리가 아무리 나를 의심하게 만들어도, 내 안의 진짜 목소리가 들려주는 진실에 귀 기울이며 나아갈 수 있게 되었답니다. 내면의 힘에 대한 확신은 나에게 자유를 주었어요. 목소리라는 억압에서 벗어나 진정한 나로서 살아갈 수 있는 자유를 말이죠.

이 확신은 나의 새로운 시작을 위한 가장 단단한 기반이 되어주었어요. 더 이상 과거의 어둠에 갇혀 있지 않고, 내 안의 빛을 따라 앞으로 나아갈 용기가 생겼답니다. 목소리의 속삭임은 여전히 들릴지 모르지만, 이제 나는 그것에 압도되지 않을 거예요. 나에게는 나를 지키고 나아가게 하는 강력한 내면의 힘이 있다는 것을 알기 때문이죠. 나는 나 자신을 믿고, 나의 길을 걸어갈 수 있게 되었답니다. 내면의 힘에 대한 확신은 나에게 가장 소중한 깨달음이자, 가장 강력한 무기였어요.

자신만의 '단단한 말' 발견

　처음 목소리가 나에게 다가왔을 때, 그 목소리는 나에게 '단단한 말'을 건네는 것처럼 느껴졌어요. 세상의 차가운 시선과 비난 속에서, 목소리만이 나를 이해하고 지지해주는 유일한 존재 같았죠. "괜찮아, 네 잘못이 아니야.", "넌 충분히 잘하고 있어.", "너는 특별한 존재야." 같은 말들은 메마른 땅에 내리는 단비 같았고, 나는 그 달콤함에 빠져 목소리에 의지하게 되었답니다. 목소리가 건네는 말들이 나를 강하게 만들어줄 것이라고 믿었죠. 그것이 목소리의 무서운 속임수라는 것을 깨닫기 전까지는요.

　목소리의 '단단한 말'은 가면이었어요. 그 뒤에 숨겨진 진짜 목소리는 나를 비난하고, 깎아내리고, 세상으로부터 고립시키려는 무서운 속삭임이었죠. "넌 실패자야.", "넌 아무 가치 없어.", "아무도 널 좋아하지 않아." 같은 말들은 나의 자존감을 짓밟고 나를 절망에 빠뜨렸답니다. 목소리는 나를 강하게 만드는 척했지만, 실제로는 나를 나약하게 만들고 자신에게 종속시키려 했어요. 목소리가 나에게 속삭였던 '단단한 말'은 나를 위한 것이 아니라, 목소리 자신을 위한 거짓말이었던 거죠.

하지만 서연 선생님과의 상담을 통해 목소리의 실체를 파악하고, '정말 그럴까?'라고 스스로에게 질문하며 목소리의 거짓말을 간파하는 연습을 꾸준히 하면서, 목소리의 힘은 점점 약해졌어요. 친구 민준이의 변함없는 우정과 정 할아버지의 지혜로운 말씀은 나에게 세상과의 연결고리를 놓지 않게 해주었고, 내 안의 힘에 대한 작은 실마리를 발견하게 해주었죠. 그리고 목소리의 시끄러운 속삭임이 약해지면서, 나는 내 안에서 들려오는 아주 작고 희미한 다른 소리에 귀 기울일 수 있게 되었답니다. 그것이 바로 나의 진짜 목소리라는 것을 깨달았을 때, 나는 그 소리에 집중하기 시작했어요.

내 안의 진짜 목소리는 목소리처럼 강압적이거나 시끄럽지 않았어요. 오히려 아주 부드럽고 조용했죠. 마치 내 마음속 깊은 곳에서 울려 퍼지는 작은 속삭임 같았어요. 이 소리는 나에게 따뜻하고 지지적인 말들을 건넸답니다. "괜찮아, 힘들었지? 이제 좀 쉬어도 돼.", "넌 충분히 잘하고 있어. 네 노력을 알아.", "네 마음이 시키는 대로 해봐. 네가 원하는 것을 해도 괜찮아.", "넌 소중한 사람이야. 너는 사랑받을 자격이 있어." 같은 말들이었죠. 이 소리는 목소리가 나에게 속삭였던 모든 부정적인 말들과 정반대되는 이야기들을 해주었어요.

나는 이 소리가 바로 나 자신만의 '단단한 말'이라는 것을 깨달았어요. 목소리가 나에게 속삭였던 거짓된 '단단한 말'이 아니라, 나를 비난하거나 조종하는 것이 아닌, 나를 진심으로 이해하고 지지하며, 긍정적인 방향으로 이끌어주는 나만의 목소리였죠. 이 '단단한 말'은 외부에서 오는 것이 아니라, 나의 내면 깊숙한 곳에서 우러나오는 진실된 목소리였답니다.

나 자신만의 '단단한 말'을 발견하면서, 나는 나 자신과 다시 연결되는 것을 느꼈답니다. 목소리가 나를 지배했던 시간 동안 잃어버렸던 나의 생각, 나의 감정, 나의 의지를 조금씩 되찾아가는 과정이었죠. 나는 더 이상 목소리의 꼭두각시가 아니었어요. 내 안의 진짜 목소리가 나를 이끌어주는 진정한 나침반이 되어주었답니다. 이 소리는 나에게 나 자신을 믿고 나의 판단을 따를 용기를 주었어요.

나 자신에게 '단단한 말'을 건네는 것은 나에게 큰 힘이 되었어요. 목소리가 나에게 "넌 실패자야."라고 속삭일 때, 나는 내 안의 목소리로 "아니야, 나는 노력했고, 작은 성공들도 경험했어. 나는 실패자가 아니야."라고 말해주었죠. 목소리가 나에게 "아무도 너를 좋아하지 않아."라고 말할 때, 나는 내 안의 목소리로 "아니야, 나를 아껴주는 사람들이 있어. 그리고 가장 중요한 것은 나 스스로 나를 사랑하는 거야."라고 말해주었답니다.

나 자신만의 '단단한 말'은 목소리의 부정적인 속삭임에 맞서는 가장 강력한 방패가 되어주었어요. 목소리가 나를 깎아내릴 때, 나는 나 자신을 긍정하는 말로 맞섰고, 목소리가 나를 고립시키려 할 때, 나는 내 안의 목소리가 주는 용기를 따라 세상으로 나아갔죠. 이 '단단한 말'은 외부의 인정을 구하는 것이 아니라, 내 안에서 스스로에게 주는 지지와 격려였기에 더욱 강력했답니다.

나 자신만의 '단단한 말'을 발견하는 것은 나에게 큰 해방감을 주었어요. 목소리의 거짓말 속에서 벗어나 진실된 나 자신을 마주할 수 있게 되었기 때문이죠. 이 소리는 나에게 '너는 너 자체로 충분하다', '너는 사랑받을 자격이 있다', '너는 강한 존재다'라고 끊임없이 이야기해 주었고, 그럴 때마다 나의 자존감은 회복되었답니다. 내 안의 진짜 목소리는 나를 지키고 나아가게 하는 가장 강력한 원동력이 되어주었어요. 목소리라는 어둠을 이겨내고 빛을 향해 나아갈 수 있는 힘은 바로 내 안에 숨겨져 있던 이 '단단한 말'에서 나왔답니다.

나는 이제 목소리의 속삭임에 휘둘리는 대신, 내 안의 진짜 목소리, 나 자신만의 '단단한 말'에 귀 기울이며 나의 길을 걸어갈 수 있게 되었어요. 나 자신을 믿고 나아가는 새로운 시작이었죠. 이 '단단한 말'은 나에게 가장 소중한 보물이 되었고, 앞으로 어떤 어려움이 닥쳐도 나를 지탱해줄 든든한

힘이 될 거예요. 나는 이제 나 자신에게 가장 따뜻하고 진실
된 '단단한 말'을 건네는 사람이 되었답니다.

공포에 맞서는 용기 있는 외침

　서연 선생님과의 상담, 친구 민준이의 변함없는 우정, 정할아버지의 지혜로운 말씀, 그리고 무엇보다 내 안의 진짜 목소리와 나 자신만의 '단단한 말'을 발견하면서, 나를 짓누르던 목소리의 힘은 분명 약해졌어요. 나는 더 이상 목소리의 거짓말에 쉽게 속지 않았고, 목소리가 만들어 내는 공포스러운 환상에서도 벗어나는 방법을 배웠죠. 내 안에는 목소리에 맞설 수 있는 강력한 힘이 있다는 것을 깨달았고, 나 자신을 믿는 확신도 생겼답니다.

　하지만 목소리는 완전히 사라지지 않았어요. 마치 끈질긴 그림자처럼, 내가 방심한 틈을 타 불쑥 튀어나와 나를 흔들려 했죠. 특히 밤이 되거나 혼자 있을 때, 목소리는 더욱 강하게 속삭였어요. "네가 조금 나아졌다고 생각하는 건 착각일 뿐이야. 넌 여전히 약해.", "네 안에 있는 공포는 절대 사라지지 않아. 평생 너를 따라다닐 거야.", "결국 넌 다시 나에게 돌아오게 될 거야. 나 없이는 살 수 없어." 목소리는 나의 가장 깊은 두려움을 파고들었고, 과거의 끔찍했던 기억들을 떠올리게 하며 나를 괴롭혔답니다. 공포는 여전히 나의 발목을 잡으려 했고, 나는 때때로 그 힘에 압도될 것 같은 두려움을 느꼈어요.

예전 같았으면 목소리의 속삭임에 벌벌 떨며 숨거나 도망쳤을 거예요. 목소리가 만들어 낸 공포스러운 환상 속에서 헤매며 무기력하게 무너졌겠죠. 하지만 이제 나는 더 이상 예전의 내가 아니었어요. 내 안에는 단단한 뿌리가 있다는 것을 알았고, 나 자신만의 '단단한 말'이라는 강력한 무기를 가지고 있었죠. 그리고 나를 지지해주는 소중한 조력자들이 있다는 사실도 알고 있었답니다.

어느 날 밤, 목소리가 다시 나를 찾아왔어요. 평소보다 더 강하고 악의적인 속삭임으로 나를 짓눌렀죠. 목소리는 내가 가장 두려워하는 것들을 이야기하며 나를 공포 속으로 몰아넣었어요. 심장이 미친 듯이 뛰고, 손발이 떨렸으며, 숨쉬기조차 힘들었답니다. 온몸의 세포 하나하나가 공포에 질려 비명을 지르는 것 같았죠. 예전처럼 도망치고 싶다는 강한 충동이 일었어요. 이 공포에서 벗어나고 싶다는 생각뿐이었죠.

하지만 그때, 내 안의 진짜 목소리가 아주 작게 속삭였어요. '도망치지 마. 이제는 맞설 수 있어. 너는 강해.' 그리고 서연 선생님의 말씀이 떠올랐죠. '목소리는 당신의 일부가 아니에요. 그것은 외부에서 들려오는 소리일 뿐이죠.' 정 할아버지의 비유도 생각났어요. '내면의 뿌리가 깊으면 어떤 비바람에도 흔들리지 않는단다.' 그리고 나 자신에게 건네왔던 '단단한 말'들이 떠올랐어요. '나는 할 수 있어.', '나는 소중한 사람이야.', '나는 나 자신을 믿어.'

나는 떨리는 몸을 애써 진정시키고, 목소리가 들려오는 곳을 향해 시선을 돌렸어요. 목소리는 여전히 공포스러운 말들을 쏟아내고 있었죠. 하지만 더 이상 그 말들에 압도되지 않으려 애썼답니다. 목소리가 나에게 공포를 주입하려 할 때, 나는 내 안의 힘을 끌어모았어요. 그리고 목소리를 향해, 공포를 향해, 나를 짓누르려 했던 모든 어둠을 향해 용기 있는 외침을 터뜨렸답니다.

"아니야! 네 말은 거짓말이야!"

나의 목소리는 처음에는 작고 떨렸지만, 외치면 외칠수록 점점 더 커지고 단단해졌어요.

"나는 약하지 않아! 내 안에는 나를 지키는 힘이 있어!"

목소리가 나를 비난할 때마다, 나는 나 자신만의 '단단한 말'로 맞섰어요.

"나는 쓸모없는 존재가 아니야! 나는 소중한 사람이야!"

목소리가 나를 고립시키려 할 때, 나는 세상과의 연결을 외쳤어요.

"나는 혼자가 아니야! 나를 아껴주는 사람들이 있어!"

나의 외침은 목소리의 속삭임을 뚫고 나아갔어요. 목소리는 나의 용기 있는 외침에 당황한 듯 잠시 멈칫하는 것 같았죠. 그리고 나의 외침이 커질수록, 목소리의 목소리는 점점 더 작아지고 힘을 잃어갔답니다. 나의 외침은 목소리가 만들어낸 공포의 세계에 균열을 일으켰고, 그 세계를 무너뜨리는 강력한 파동이 되었어요.

공포에 맞서는 용기 있는 외침은 나에게 엄청난 해방감을 주었어요. 오랫동안 목소리에게 억눌려왔던 나의 진짜 목소리를 세상 밖으로 터뜨리는 순간이었죠. 나의 외침은 단순히 소리를 지르는 것이 아니었어요. 그것은 목소리의 지배로부터 벗어나 나 자신을 되찾겠다는 나의 강력한 의지 표현이었고, 나를 짓누르던 공포에 대한 정면 도전이었답니다.

나의 외침이 끝나자, 상담실 안은 고요해졌어요. 목소리의 속삭임은 거의 들리지 않았죠. 나는 여전히 떨리고 있었지만, 그것은 공포 때문이 아니라 해방감과 성취감 때문이었어요. 나는 목소리에 맞서 싸웠고, 이겼답니다. 나 자신 안에 숨겨진 용기와 힘을 발견했고, 그것을 사용하여 공포를 이겨냈죠. 공포에 맞서는 용기 있는 외침은 나에게 '나는 할 수 있다'는 강력한 확신을 심어주었어요. 더 이상 목소리의 속삭임에 무기력하게 떨지 않을 것이라는 확신, 어떤 어려움이 닥쳐도 나 자신을 믿고 맞설 수 있다는 확신이었죠. 이 순간, 나는 진정한 자유를 얻었답니다. 목소리라는 어둠에서 벗어나, 나 자신만의 빛을 따라 나아갈 수 있는 자유를 말이죠. 나의 용기 있는 외침은 새로운 시작을 알리는 승리의 함성이었어요.

성장하는 주인공의 새로운 시작

나를 짓눌렀던 어둠의 시간들은 길고 고통스러웠어요. 목소리의 달콤한 유혹에 빠져들면서 시작된 나의 여정은, 나를 세상으로부터 고립시키고, 나의 자아를 혼란스럽게 만들었으며, 현실과 환상의 경계를 허물고 극심한 공포 속으로 나를 몰아넣었죠. 나는 나 자신을 잃어버릴 뻔했고, 목소리의 꼭두각시가 되어 파멸을 향해 걸어가는 것 같았답니다. 희망이라고는 찾아볼 수 없는 깊은 절망 속에서 나는 허우적거렸어요.

하지만 나는 혼자가 아니었어요. 어둠 속에서도 나를 포기하지 않고 끈질기게 다가와 준 친구 민준이의 변함없는 우정, 나에게 목소리의 실체를 알려주고 스스로를 지킬 방법을 가르쳐준 서연 선생님의 전문적인 도움, 그리고 내 안의 힘에 대한 작은 실마리를 발견하게 해준 정 할아버지의 따뜻한 지혜까지. 이 소중한 조력자들의 존재는 나에게 다시 일어설 힘을 주었고, 어둠 속에서 빛을 향해 나아갈 수 있는 길을 보여주었답니다.

그리고 가장 중요하게는, 목소리의 속삭임에 맞서 싸우는 과정에서 나는 나 자신 안에 숨겨진 강력한 내면의 힘을 발견했어요. 목소리의 거짓말에 '정말 그럴까?'라고 질문하고, 공포에 맞서 용기 있게 외치면서, 나는 나약하다고 생각했던 나 자신이 사실은 얼마나 강한 존재인지를 깨달았죠. 내 안에는 어떤 어려움에도 흔들리지 않는 단단한 뿌리가 있다는 것을 알게 되었고, 나 자신을 믿는 확신을 가지게 되었답니다. 목소리가 나에게 속삭였던 거짓된 '단단한 말' 대신, 나를 진심으로 지지하고 사랑하는 나 자신만의 '단단한 말'을 발견했어요. 이 모든 깨달음과 경험들은 나를 완전히 다른 사람으로 변화시켰답니다.

나는 더 이상 과거의 어둠에 갇혀 사는 존재가 아니었어요. 목소리의 속삭임은 여전히 들릴 때가 있지만, 이제 나는 그것에 압도되지 않아요. 목소리가 나를 비난하거나 흔들려 할 때, 나는 내 안의 단단한 힘을 믿고, 나 자신만의 '단단한 말'로 맞설 수 있게 되었죠. 목소리가 만들어 내는 공포스러운 환상에 압도되는 대신, 현실에 발을 딛고 서서 세상을 똑바로 바라볼 수 있게 되었답니다. 나는 목소리의 지배로부터 완전히 벗어나, 나의 삶의 주인이 되었어요.

나의 회복 여정은 단순히 병을 이겨낸 이야기가 아니었어요.

그것은 어둠 속에서 길을 잃었던 한 사람이 내면의 힘을 발견하고, 진정한 자신을 찾아가는 눈부신 성장 이야기였죠. 나는 이 과정을 통해 많은 것을 배웠답니다. 어려움 속에서도 포기하지 않는 끈기, 두려움에 맞서는 용기, 나 자신을 사랑하고 돌보는 방법, 그리고 나를 지지해 주는 사람들의 소중함까지. 이 모든 경험들은 나를 더욱 단단하고 성숙한 사람으로 만들었어요.

이제 나는 새로운 시작을 향해 나아갈 준비가 되었답니다. 과거의 상처와 아픔은 완전히 사라지지 않았을지도 몰라요. 하지만 그것은 더 이상 나를 짓누르는 짐이 아니라, 나를 더 강하게 만들어준 소중한 경험이 되었죠. 나는 과거의 나를 부끄러워하지 않아요. 오히려 그 모든 어려움을 이겨내고 여기까지 온 나 자신을 자랑스럽게 생각한답니다.

나의 새로운 시작은 두려움이 없는 시작은 아닐 거예요. 세상은 여전히 예측할 수 없고, 앞으로 어떤 어려움이 닥칠지 알 수 없죠. 하지만 이제 나는 더 이상 그 두려움에 압도되지 않아요. 나에게는 나를 지키고 나아가게 하는 강력한 내면의 힘이 있다는 것을 알기 때문이죠. 나 자신을 믿고, 내 안의 진짜 목소리에 귀 기울이며, 나만의 '단단한 말'로 스스로를 지지하면서 어떤 어려움도 헤쳐나갈 수 있다는 것을 확신한답니다.

나의 새로운 시작은 나 자신을 사랑하는 시작이에요. 나를 비난하고 깎아내리는 목소리 대신, 나를 이해하고 지지하는 내 안의 목소리에 귀 기울이며 나 자신을 소중하게 여기는 삶을 살아갈 거예요. 나의 감정을 인정하고, 나의 필요를 채워주고, 나에게 친절하게 대하면서 나 자신과 가장 좋은 친구가 될 거예요.

나의 새로운 시작은 세상과 다시 연결되는 시작이에요. 목소리가 나를 고립시키려 했지만, 나는 민준이의 우정을 통해 세상의 따뜻함을 다시 느꼈답니다. 이제 나는 더 이상 사람들을 의심하고 멀리하지 않을 거예요. 나를 진심으로 아끼는 사람들과의 관계를 소중히 여기고, 세상 속으로 나아가 다른 사람들과 소통하며 살아갈 거예요.

나의 새로운 시작은 나의 꿈과 가능성을 향해 나아가는 시작이에요. 목소리는 나에게 아무것도 할 수 없다고 속삭였지만, 나는 내 안의 무한한 가능성을 믿게 되었답니다. 이제 나는 목소리의 방해 없이, 내가 정말로 원하는 것이 무엇인지 탐색하고, 나의 재능과 열정을 따라 나의 길을 걸어갈 거예요. 실패를 두려워하지 않고 도전하며, 넘어지더라도 다시 일어설 힘이 있다는 것을 알기 때문이죠.

성장하는 주인공으로서, 나의 이야기는 여기서 끝이 아니에요. 이것은 새로운 장의 시작일 뿐이죠. 나는 과거의 어둠을 발판 삼아 더욱 높이 날아오를 거예요. 나 자신을 믿고, 나를 지지해주는 사람들과 함께, 그리고 내 안의 단단한 힘을 바탕으로, 나는 희망찬 미래를 향해 힘찬 발걸음을 내디딜 거예요. 나의 새로운 시작은 두려움 대신 용기로, 절망 대신 희망으로, 그리고 나약함 대신 단단함으로 가득 찬 아름다운 여정이 될 것이라고 확신한답니다. 나는 이제 진정한 나로서, 나의 삶을 스스로 만들어 갈 수 있게 되었어요.

마지막. 내 안의 목소리에게

세상은 온통 소음으로 가득했다. 주인공은 늘 귀를 막고 싶다고 생각했다. 교실의 웅성거림, 친구들의 웃음소리, 복도에서 울리는 발소리, 집에서 들려오는 부모님의 대화 소리까지. 모든 소리가 날카로운 유리 조각처럼 마음속으로 파고드는 것 같았다. 특히 아무도 이해해 주지 못할 거라 생각했던 내면의 불안과 두려움은 이 모든 소음을 더욱 증폭시켰고, 주인공은 점점 더 작아지고 외로워졌다. 숨을 곳이 필요했다. 누구도 찾지 못할, 오직 자신만이 있는 안전한 공간이 간절했다.

낡은 창고에서 먼지 쌓인 물건들을 뒤적이다가 우연히 발견한 녹음기는 그렇게 주인공의 작은 피난처가 되어주었다. 손때 묻은 이어폰을 귀에 꽂고 재생 버튼을 누르자, 처음에 들린 것은 그저 지지직거리는 불규칙한 소음뿐이었다. 실망하려는 찰나, 그 소음 사이에서 희미하지만 분명한 목소리가 들려왔다. 낮은 속삭임. 그 목소리는 주인공의 이름도, 나이도, 사는 곳도 알지 못했지만, 주인공의 가장 깊숙한 곳에 숨겨진 생각과 감정들을 정확히 짚어냈다.

"힘들지? 혼자라고 느끼는구나." 목소리가 말했다.주인공은 숨을 멈췄다. 어떻게 알았을까?" 네가 느끼는 그 불안감, 당연한 거야. 세상은 원래 그런 곳이지."
주인공은 눈물이 날 것 같았다. 세상에 자신을 이렇게 이해해 주는 존재가 있다니. 목소리는 주인공이 듣고 싶어 했던 '단단한 말'들을 건넸다. "약해지지 마. 네 안에는 엄청난 힘이 있어. 그걸 끄집어내야 해." "남들이 뭐라고 하든 신경 쓰지 마. 너 자신이 가장 중요해." 목소리가 시키는 대로 작은 용기를 내보았을 때, 놀랍게도 상황이 조금씩 나아지는 듯한 착각이 들었다. 주인공은 점점 더 그 목소리에 의지하게 되었고, 밤마다 이어폰을 끼고 목소리의 속삭임을 듣는 것이 유일한 일과가 되었다. 녹음기가 없으면 불안해서 견딜 수가 없었다.

하지만 달콤했던 위로는 서서히 변질되기 시작했다. 목소리의 톤이 미묘하게 차가워졌고, 내용은 점점 더 공격적으로 변했다. "네 친구들은 널 진심으로 생각하지 않아. 널 이용하려는 것뿐이야." "네 부모님? 그들도 마찬가지야. 결국 네 앞길을 막을 뿐이지." 목소리는 주인공의 마음속에 있던 작은 불신과 의심을 파고들어 점점 증폭시켰다. 친구 민준이가 다가와 말을 걸거나, 학교 상담사인 서연 선생님이 따뜻하게 격려할 때조차도, 목소리는 귓가에 대고 속삭였다. "속지 마. 다 가식이야. 너를 통제하려는 거라고." 목소리는 주인공이 다른 사람들의 감정에 공감하려는 마음까지도 꺾으려 했다. 예를 들어 민준이가 배달 아르바이트를 하는 사람들의 힘든 사정을 이야기해 줄 때면, 목소리는 "왜 상관없는 남 걱정을 해? 네 문제나 신경 써. 넌 그런 쓸데없는 감정에 낭비할 시간이 없어. 강해져야 하잖아."하고 조롱했다.

주인공은 점점 혼란스러워졌다. 목소리가 시키는 대로 사람들을 밀어내고 나 혼자 '단단해지려' 할수록, 현실에서의 관계는 부서져 갔다. 주변 사람들은 주인공의 갑작스러운 변화에 당황했고, 걱정하는 시선과 실망한 표정들이 주인공을 더욱 숨 막히게 했다. 그럴수록 목소리는 더욱 강압적으로 속삭였다. "봐. 내가 맞지? 아무도 널 이해 못 해. 오직 나만이 네 편이야."

공포는 외부에서 오는 것이 아니라, 바로 내 안에서 피어오르기 시작했다. '이 생각들이 정말 내 생각일까?' '내가 원래 이렇게 잔인하고 이기적인 사람이었던 걸까?' 자신과 목소리의 경계가 점점 희미해지는 것 같았다. 목소리가 지시한 대로 행동했을 때 현실에서 벌어지는 작은 사고들, 기묘하게 맞아떨어지는 상황들은 목소리가 단순한 환청이 아닐지도 모른다는 공포감을 심어주었다. 밤에는 목소리의 속삭임이 환청처럼 귓가에 맴돌았고, 눈을 감으면 끔찍한 환영들이 보였다. 목소리는 점점 더 노골적으로 주인공을 몰아세웠다. "내 말을 들어. 복종해. 그렇지 않으면 넌 아무것도 아니야. 영원히 이 불안에서 벗어나지 못할 거야."

주인공은 필사적으로 저항하고 싶었다. 이대로 자신을 목소리에 내어줄 수는 없었다. 하지만 목소리의 유혹과 압박은 너무나 강렬했다. 약해지는 자신을 비난하고, 강해져야 한다고 다그치는 끝없는 속삭임. 그 어둠 속에서 주인공은 떨리는 목소리로 아주 작게 외쳤다.

"아니야... 이건 내가 아니야."

그것이 어둠 속에서 자신을 지키려는, 내 안의 공포에 맞서 싸우려는 작은 불꽃이 될 줄은, 아직 알지 못했다.

그것은 어둠 속에서 자신을 지키려는, 내 안의 공포에 맞서 싸우려는 작은 불꽃이자, 민준의 우정, 서연 선생님의 가르침, 그리고 정 할아버지의 지혜를 통해 더욱 크게 타올라, 내면의 '단단한 말'을 찾아가는 용기 있는 여정의 시작이었다. 주인공은 비틀거릴지언정, 더 이상 목소리에 끌려가지 않고 자신의 발로 한 걸음씩 나아가기 시작한 것이다.